글 야우켜 아크벨트

글에 문학의 향기를 담아 지식을 전달하는 작가입니다.
『화장실 원숭이』와 『여기에 온 건 처음이야』로 네덜란드에서 가장 뛰어난 어린이책 글 작가에게 주는 '은연필상'을 두 번 받았습니다. 2017년부터 아프리카의 여러 야생동물보호구역과 자연 국립공원, 그리고 그곳에 사는 동물들 이야기를 쓰고 있습니다. 네덜란드에서 살다가 지금은 남아프리카공화국 케이프타운에서 지냅니다.

그림 데네 필라

이야기에 생명을 주는 그림, 독자를 다른 세상으로 데려가는 그림을 그리려고 합니다. 2023년 『동물의 눈으로 본 인류의 역사』로 네덜란드에서 가장 뛰어난 일러스트레이터에게 주는 '황금붓상'을 받았습니다. 베터 베스테라의 글에 그림을 그린 『불새』로는 2021년 유럽 디자인 어워드 은상을 받았습니다.
네덜란드 틸뷔르흐에서 지냅니다.

옮김 정신재

한국외국어대학교 네덜란드어과를 졸업하고,
네덜란드 레이던 대학교에서 공부를 이어 갔습니다.
현재 번역 에이전시 엔터스코리아에서 출판 기획 및 네덜란드어 전문 번역가로 활동합니다. 옮긴 책으로 『이토록 경이로운 숲』, 『쓸모 있는 수학만 하겠습니다!』, 『스피노자』, 『판다의 절규』 외 다수가 있습니다.

클라스에게.
이 책을 낼 수 있었던 건 오로지 당신 덕분입니다.

-야우켜 아크벨트, 데네 필라

ⓒ 2022, Lannoo Publishers. For the original edition.
Original title: Een kleine geschiedenis van de mens door dierenogen. Over heilige koeien, ruimteapen en de roep van de kakapo.
Translated from the Dutch language.
www.lannoo.com
ⓒ 2025, WONDERBOX. For the Korean edition.
All rights reserved.
Korean translation copyright ⓒ 2025 by Wonderbox.
Korean translation rights are arranged with Lannoo Publishers through AMO Agency.
이 책의 한국어판 저작권은 AMO에이전시를 통해 저작권자와 독점 계약한 원더박스에 있습니다.
저작권법에 의해 한국 내에서 보호를 받는 저작물이므로 무단 전재와 무단 복제를 금합니다.

동물의 눈으로 본 인류의 역사

2025년 9월 11일 초판 1쇄 발행

글 야우켜 아크벨트 • 그림 데네 필라 • 옮김 정신재
편집 이기선, 김희중 • 디자인 쿠담디자인
펴낸 곳 원더박스 • 펴낸이 류지호
주소 (03173) 서울시 종로구 새문안로3길 30, 대우빌딩 911호
전화 02-720-1202 • 팩시밀리 0303-3448-1202
출판등록 제2024-000122호(2012. 6. 27.)

ISBN 979-11-92953-54-0 (73900)

- 잘못된 책은 구입하신 서점에서 바꾸어 드립니다.
- QR 코드를 스캔하면 원더박스 도서 목록으로 연결됩니다.
- 독자 여러분의 의견과 참여를 기다립니다.
  블로그 blog.naver.com/wonderbox13
  이메일 wonderbox13@naver.com

동물의 눈으로 본 인류의 역사

아우커 아크벨트 글
데네 필라 그림
정신재 옮김

원더박스

차례

4   이제는 동물이 이야기할 차례예요

7   **딕딕 이야기**
       20만 년 전, 보츠와나

10   **자이언트땅늘보 이야기**
       1만 4000년 전, 아르헨티나

12   **알파카 이야기**
       6000년 전, 페루

14   **공작새 이야기**
       기원전 340년, 그리스

16   **유럽살모사 이야기**
       기원전 30년, 이집트

20   **사자 이야기**
       278년, 이탈리아

23   **누에 이야기**
       552년, 튀르키예

26   **말 이야기**
       1080년, 잉글랜드

28   **쥐와 이 이야기**
       1347년, 시칠리아

31   **돼지 이야기**
       1457년, 프랑스

34   **소 이야기**
       1510년, 인도

36   **북극곰 이야기**
       1596년, 노바야제믈랴 제도

38   **향고래 이야기**
       1680년, 일본

41   **개: 행운이 이야기**
       1796년, 프랑스

44   **카카포 이야기**
       1820년, 뉴질랜드

47 **콰가 이야기**
1850년, 남아프리카

49 **캥거루와 토끼 이야기**
1859년, 오스트레일리아

52 **비둘기 이야기**
1916년, 벨기에

56 **닭 이야기**
1923년, 북아메리카

58 **고양이 1편: 깜장이 이야기**
1942년, 네덜란드

61 **침팬지: 실험체 65번 이야기**
1961년, 북아메리카

65 **제브라피시 이야기**
1980년, 독일

68 **산악고릴라 이야기**
1994년, 르완다

71 **범고래: 케이코 이야기**
1998년, 아이슬란드

74 **대왕판다: 량량 이야기**
2014년, 말레이시아

77 **북부흰코뿔소: 파투 이야기**
2018년, 케냐

80 **말레이천산갑 이야기**
2019년, 중국

82 **브루케시아 나나 이야기**
2021년, 마다가스카르

86 **고양이 2편: 요제프 이야기**
2022년, 남아프리카공화국

88 참고 문헌

이제는 동물이 이야기할 차례예요

상상하기 어려울 거예요.
80억 명도 넘게 살고 있는데 어떻게 사람 없는 지구를 떠올리겠어요.
하지만 한때 지구에는 사람이 한 명도 없었답니다.

약 138억 년 전, 우주가 펑! 팡! 쾅! 하고 터지며 탄생했을 때, 지구는 그 어디에도 존재하지 않았어요.
약 45억 년 전에서야 마침내 그 모습을 드러냈지요. 하지만 그때 지구는 그 누구도 살지 않는 텅 빈 집
같았어요. 그 뒤로도 수억 년 동안 지구는 텅 비어 있었답니다.
지구라는 집에 처음 살게 된 생물은 박테리아였어요. 그 뒤를 이어 해면동물이 지구에 정착했지요.
그 후로도 길고 긴 시간이 흘러서야 공룡이나 매머드, 스밀로돈이 문을 두드리며 모습을 드러냈답니다.
그러고도 엄청난 시간이 지난 뒤, 드디어 어떤 생명체가 지구의 문지방에 발을 내디뎠어요.
그 어떤 다른 생물도 할 수 없었던 방법으로 지구를 완전히 바꿔 놓은 생명체는, 바로 인간이에요.
유인원 같은 모습에서 시작한 인간은 점점 진화해 나갔어요. 처음에는 인간도 다른 동물과 다를 게
없었죠. 하지만 창을 이용해 다른 동물을 잡는 법과 같은 새로운 기술을 개발해 나가면서 인간은
다른 동물보다 한 발짝씩 앞으로 나아가기 시작했답니다.
인간은 자신만의 능력을 점점 더 발휘했어요. 논밭을 가꾸고, 길을 내고, 집과 궁전을 지었지요.
그러기 위해 숲을 베어 내고 바다를 메웠어요. 모두 더 편하고 쉽게 살아가기 위한 것이었습니다.
인간의 상상력에 한계란 없어서, 꿈을 꾼 것들을 실제로 만들어 나갔어요. 바퀴, 시계, 인쇄 기술,
비행기, 항생제, 카레 맛 소시지, 틀니, 인큐베이터, 십자말풀이, AK-47 소총까지 말이지요.
그저 똑똑한 유인원에 불과했던 인간은 20만 년 만에 지구를 다스리는 존재가 되었습니다.
그리고 그 과정에서 다른 동물들과 점점 거리를 두기 시작했어요. 사람들은 눈을 가늘게 뜨고
접시에 놓인 닭 가슴살 한 조각을 바라보면서, 그것이 한때 살아 있는 닭이었다는 사실을 더는
신경 쓰지 않아요. 신는 신발, 먹는 약, 달을 향해 쏘아 올린 로켓을 비롯한 수많은 것이 모두
인간과 함께 지구에서 살아가는 동물들 덕분이라는 사실조차 말이지요.

동물들은 항상 우리 곁에 있었어요. 맨 앞줄에 앉아 우리의 모습을 늘 묵묵히 지켜보았지요.
동물들은 인간이 아프리카에서 탄생하는 장면을 목격했어요. 인간이 사냥을 시작했을 때는 걸음아 날 살리라며 도망갔고, 인간이 정착하여 농사를 시작한 뒤로는 쟁기를 끌었지요. 왕과 황제는 동물을 내세워 자기 힘을 뽐냈어요. 기사는 동물의 등을 타고 달렸고, 기독교인들은 맹수의 날카로운 이빨과 발톱 앞에 내던져졌지요. 급하게 도움이 필요했던 군인은 새의 날개에 소식을 실어 전했어요.

여러분도 깨달았지요? 동물이 없는 인간의 역사는 완전한 역사가 아니라는 것을요.
그래서 이 책에 동물 이야기를 담았답니다. 그동안 인간 이야기는 차고 넘치게 했으니,
이제는 동물이 무대에 올라올 차례예요.

정리하자면, 이 책은 아프리카에서 시작해 아프리카에서 끝을 맺어요. 20만 년 전에서 오늘날에 이르기까지 세계 곳곳의 스물아홉 마리 동물이 자기 이야기를 들려준답니다. 때로는 지나간 일을 되돌아보고, 때로는 바로 눈앞의 일을 지켜보고, 때로는 희망을 품고 다가올 앞날을 그리지요.
각각의 동물은 인간과 서로 다른 관계를 맺고 있어요. 인간에게 노다지이기도 하고, 병균을 옮기기도 하고, 친구이기도 하고, 괴물이기도 해요. 또 약이 되거나 물건을 대량으로 생산할 수 있게 해 주는 재료가 되기도 하지요. 인간의 눈으로 보면 그렇다는 거예요.

이쯤에서 제 이야기를 마치고 책장을 넘길게요.
이제는 동물이 이야기할 차례니까요.

딕딕* 이야기

— 20만 년 전, 보츠와나

"나무 위의 표범 보이니?"
"그게 왜요?"
"잠자는 것처럼 보이겠지만 속지 마. 표범은 바람처럼 빠르고 그림자처럼 조용하니까. 이빨은 가장 뾰족한 가시보다 더 날카롭단다. 우리는 잎사귀를 먹지만 표범은 우리를 잡아먹어. 그러니 피해야 한단다."
"네, 엄마."

"저 위에서 새 우는 소리 들리니?"
"무슨 새예요?"
"왕관수리야. 높디높은 하늘에 머무를 것 같겠지만 속지 마. 소시지나무에 열린 가장 무거운 열매보다 더 빠르게 땅 위로 내려오거든. 발톱으로 널 잡아챈다면 결코 놓아주지 않을 거야."
"왕관수리도 우리를 먹어요?"
"네 누나도 잡아갔어. 그러니 왕관수리가 보이면 서둘러 풀숲에 숨어야 해."

"저기 풀밭이 있어요! 달리고 싶어요!"
"그러자꾸나. 그렇지만 주변을 정말 잘 살펴야 해."
"왜요?"
"아프리카비단뱀 때문이야. 보이지도 않고 소리도 안 들리지. 죽은 듯이 꼼짝도 하지 않고 풀숲에 누워 있더라도 속지 마. 한번 잡혀 몸이 졸리면 빠져나가기 어려울 거야."

"이게 무슨 냄새지?"
"이상한 냄새가 나요."
"하이에나 똥이야. 이것 봐, 여기 있네."
"그런데 똥이 하얀색이네요."
"하이에나가 뼈를 씹어 먹기 때문이야."
"딕딕의 뼈도요?"
"그럼, 물론이지."

"이제 강가에 가서 물 마셔요."
"그러자꾸나. 하지만 조심해."
"왜요?"
"그곳에도 위험이 도사리고 있거든. 악어가 나무토막인 양 아무런 움직임 없이 둥둥 떠 있겠지만 속지 마. 악어는 톱니 같은 이빨로 너를 물속으로 끌고 갈 거야. 어떤 동물도 살아서 나오지 못한단다."
"목이 별로 안 마른 것 같아요…."

"저 언덕 위 동물들은 뭐예요, 엄마?"
"두 다리로 서 있는 동물 말이니?"
"우리를 물속으로 끌고 갈까요? 우리 뼈를 씹어 먹을까요? 숨을 못 쉬도록 조를까요?"
"아니, 그러지 않을걸."
"우리를 해칠 만한 이빨이나 발톱을 가지고 있을까요?"
"그런 것은 없어 보여."
"빠른가요? 조용한가요? 힘이 센가요?"
"전혀 그렇지 않아."
"그럼 쟤들한테 다가가도 돼요?"
"나라면 가지 않을 거야. 지난번에 저들이 우리 무리 중 하나를 죽였단다."
"날카로운 이빨도, 발톱도 없는데요?"
"막대기랑 돌을 써서 그랬어."
"자기 힘만으로는 우리를 해칠 수 없나 봐요."
"그렇단다. 표범, 왕관수리, 아프리카비단뱀, 하이에나, 악어는 언제 어디서나 우리의 적이야. 그리고 언덕 위에 있는 저들한테서 눈을 떼면 안 돼. 가장 큰 위험은 아직 시작되지 않았어."

* 영양류 중 가장 작은 영양으로, 아프리카에 서식함.

동물, 먹을거리가 되다

최초의 현생 인류(오늘날 인류와 종이 같은 인류)는 아프리카에 살았어요. 정확히 어디에 살았느냐는 물음에 어떤 과학자는 에티오피아의 골짜기라고 답하고, 또 어떤 과학자는 남아프리카의 보츠와나라고 답해요. 최초의 현생 인류가 정확히 언제부터 살았느냐는 물음에도 답이 여러 개 나오죠. 20만 년 전이라고도 하고, 23만 3000년 전이라고도 해요. 새로운 화석이 발견될 때마다 역사가 달라진답니다. 딕딕이 보츠와나에서 만난 사람은 호모 사피엔스예요. 호모 사피엔스가 최초의 인류는 아니에요. 호모 사피엔스보다 먼저 살았던 수많은 인류 종이 있거든요. 또 오늘날 고릴라, 침팬지, 오랑우탄과 같은 다양한 유인원이 더불어 살아가는 것처럼, 오래전에도 여러 인류 종이 함께 살았어요. 예를 들면 네안데르탈인이나 호모 에렉투스처럼 지금은 없는 고인류가 호모 사피엔스와 함께 살아간 때가 있었죠. 이 책은 호모 사피엔스로 시작하고 그 밖의 다른 인류 종은 다루지 않아요. 그 이유가 무엇일까요? 그건 오직 호모 사피엔스만 살아남았기 때문이에요. 여러분, 나, 과일가게 아저씨, 피아노 선생님, 멋지게 스케이트를 타는 소녀, 전쟁 범죄자 등 지구상 모든 사람은 오래전 아프리카에서 탄생한 호모 사피엔스랍니다. 다른 인류 종은 모두 **멸종**했어요.

최초의 호모 사피엔스는 작은 무리를 지어 유목민처럼 이리저리 삶터를 옮기면서 살았어요. 과일, 견과, 덩이줄기 같은 것을 채집하고, 동물을 사냥해 고기, 뼈, 가죽을 얻었어요. 썩은 고기를 서슴없이 먹으면서도 냄새에 코 한 번 찡그리지 않았어요. 이처럼 최초의 호모 사피엔스와 오늘날 우리 사이에는 많은 차이가 있답니다. 그중에서도 가장 큰 차이는, 오래전 사람들은 먹이사슬의 일부였다는 사실이에요. 먹이사슬에서 호모 사피엔스는 가장 위도 가장 아래도 아닌 중간 정도 단계에 있었어요. 사람은 사냥꾼이자 먹잇감이었죠. 사람도 동물을 잡아먹었고, 동물도 사람을 잡아먹었어요.

최초의 사람들은 사냥할 때 돌과 창을 사용했어요. 야생 동물을 쫓아내기 위해 불을 피우기도 했고요. 동물과 싸움이 붙으면 누가 이길지 알 수 없었어요. 때로는 사람이 영양을 먹었고, 때로는 사자가 사람을 먹었지요. 우리의 먼 조상들은 다른 동물들과 어우러져 사는 동물이었어요. 똑같이 연약했고, 똑같이 음식에 굶주려 있었어요.

👁 유인원은 오늘날에도 여러 종이 함께 살아가는데, 사람은 왜 딱 한 종만 살아남았을까요? 그리고 하필이면 왜 호모 사피엔스가 남았을까요? 이를 설명하는 여러 가설이 있어요.
약 7만 년 전, 아프리카를 떠나 유럽과 아시아에 온 호모 사피엔스는 네안데르탈인 같은 다른 인류 종들과 만났어요. 첫째 가설에 따르면, 호모 사피엔스와 이들이 만나 아이를 낳았대요. 그렇다면 우리에게는 호모 사피엔스의 유전자뿐 아니라 다른 인류 종의 유전자도 함께 있겠죠?
이와 달리 둘째 가설에 따르면, 그때의 인류 종들은 함께 아이를 낳기에는 차이가 너무 컸고, 설령 아이를 낳았다 하더라도 그 아이들은 자손을 남길 수 없었대요. 말과 당나귀 사이에서 태어난 노새가 새끼를 낳을 수 없는 것과 마찬가지로 말이죠.
또 호모 사피엔스의 수가 다른 인류 종들의 수보다 많았대요. 다른 인류 종들은 수가 적어서 살아남기 불리했고, 서서히 수가 줄다가 완전히 **멸종**했다는 거예요. 또 호모 사피엔스의 공격을 받아 멸종이 앞당겨졌다고 말하는 학자도 있어요.
셋째 가설은 첫째와 둘째 가설을 합친 거예요. 서로 다른 인류 종들끼리 조금 섞이기는 했지만, 결국 호모 사피엔스가 다른 종들을 밀어내고 홀로 살아남았다는 거예요.
최근 연구에 따르면, 요즘 사람들의 DNA에서 네안데르탈인의 유전자가 발견되었대요. 첫째, 셋째 가설이 옳다는 증거네요. 따라서 여러분의 피아노 선생님 유전자에 네안데르탈인이나 데니소바인의 흔적이 있을 수도 있겠죠?

자이언트땅늘보의 뼈 ▶

자이언트땅늘보 이야기

— 1만 4000년 전, 아르헨티나

얼마 전 겪은 일을 떠올리면 아직도 기분이 멍해.
여러 날 계속된 여행 끝에 숲에 도착한 우리는 너무나도 기뻤어. 끝 간 데 없이 넓은 들판을 터벅터벅 걷는 동안, 시들어 빠진 용설란을 빼면 먹을 것이란 눈을 씻고 봐도 없었어. 게다가 따뜻한 바람까지 불었어. 피부 속까지 따뜻해지는 바람이었지. 정말로 이상했어. 그렇게 따뜻한 적은 없었거든.
우리는 길고 빽빽한 털로 덮여 있어. 카피바라는 물론이고 스밀로돈의 털보다도 더 길고 빽빽하지. 그래서 겨울을 나기에 아주 좋아. 그런데 지금은 겨울과는 정반대 같아. 뼛속까지 땀을 흘릴 지경이야. 그래서였을까? 나무 그늘에 들어서니까 마음이 놓여 한숨이 절로 나오더라고. "아이 시원해! 음식이다!" 꼬르륵거리는 소리로 뱃속이 시끄러웠어. 너무 배가 고파서였을까? 나무밖에 보이지 않았어. 잎사귀가 가득 달려 있었지. 그중에는 열매가 달린 나무도 있었어.
나는 뒷다리로 일어서서 앞발로 눈앞의 나뭇가지를 잡아당긴 다음 혀로 쓱 훑었어. 입안은 이내 음식으로 가득 찼어. 뜯고, 씹고, 삼키고… 그 순간만큼은 다른 어떤 것에도 관심이 없었어. 나뿐 아니라 우리 모두 마찬가지였어. 오직 나뭇잎과 우리들, 우리들과 나뭇잎만 이 세상에 있는 듯했어.
그때 어디선가 어린 자이언트땅늘보의 비명 소리가 들렸어. 우리는 모두 깜짝 놀랐지. 그 비명은 얼마 전 처음으로 엄마가 된 친구의 아이가 낸 거였어. 엄마 노릇이 서툰 친구는 가끔 아이 돌보는 일을 잊고는 했어. 그때도 아이를 먼 데다 혼자 두고 우리 사이에 끼어서 먹느라 바빴지. 고개를 들어 보니 아이는 이미 바닥에 쓰러져 있었어. 우리가 서 있던 데서도 아이가 흘린 피가 또렷하게 보였어.
혹시 스밀로돈이었을까? 주변을 둘러보았지만 스밀로돈은 보이지 않았어. 거기에는 어떤 작은 동물이 우리처럼 두 발로 우뚝 서 있었어. 앞발에는 무언가가 들려 있었지. 그 동물은 들고 있던 것으로 다시 한 번 친구의 아이를 찔렀어.
우리 모두 그곳으로 달려갔어… 달려갔다고 하기엔 좀 그런가? 우리는 자이언트땅늘보니까, 따지고 보면 그렇게 빨리 움직인 것은 아니었어. 작은 동물은 서둘러 자리를 떴어. 그럴 만도 하지. 우리는 덩치도 크고 수도 더 많았으니까. 덩치는 적어도 네 배는 더 컸을 거야. 하지만 모든 것이 부질없었지. 불쌍한 아이의 눈은 이미 텅 빈 유리알 같았거든. 친구는 아이를 핥아 주었지만 너무 많이 피를 흘린 터라 아무리 핥아도 소용이 없었어.

우리는 다시 숲으로 돌아왔어. 여전히 배가 고팠지만 더 이상 먹을 생각이 나지 않았어. 도대체 어떤 동물이었을까? 어떻게 그렇게 작은 몸집에서 그런 힘이 나올 수 있었을까? 나는 멍하니 입으로 나뭇가지를 훑었어. 한숨이 절로 나왔지. 따뜻한 바람이 이곳에서도 불기 시작했어.

👁 **기후 변화** 이야기가 매일같이 뉴스에 나옵니다. 그런데 기후 변화가 처음은 아니에요. 지구의 역사를 보면 추운 시기(빙하기)와 따뜻한 시기(간빙기)가 번갈아 가며 이어졌거든요.

이러한 기후 변화는 거의 모두 태양 활동이나 화산 폭발, 운석 충돌 같은 일과 깊은 관련이 있었어요. 이런 일이 일어나면 공룡을 비롯한 여러 동물 종이 멸종되고는 했지요. 예를 들어 6600만 년 전 한 소행성이 지구에 충돌했어요. 이 때문에 대기에 거대한 먼지구름이 생겨서 지구를 뒤덮었어요. 햇빛이 가려지자 기온이 곤두박질치고 식물이 잘 자라지 못했으며, 먹이를 잃은 수많은 초식 공룡이 멸종하고 그 뒤를 이어 육식 공룡도 멸종했어요. 그렇게 지구 생명체의 약 76퍼센트가 멸종했어요. 하지만 포유류는 살아남아 번성했어요. 공룡이 멸종하지 않았더라면 인류는 세상에 나오지 않았을지도 모릅니다.

마지막 빙하기는 약 1만 2000년 전에 끝났어요. 이와 함께 자이언트땅늘보 같은 여러 거대동물이 멸종했지요. 그 뒤로 인류는 간빙기 시대를 살아가고 있어요. 그렇다면 언젠가 새로운 빙하기가 찾아올 수도 있을까요? 맞아요. 하지만 적어도 1만 5000년은 더 지나야 할 거예요. 지금은 지구의 기온이 상승하는 중이랍니다. 그 이유는 북극곰 편에서 자세히 설명할게요.

멸종은 기후 변화 때문일까?

수백만 년 전, 자이언트땅늘보는 남아메리카의 팜파스(초원 지대)를 누볐어요. 이들은 무리를 지어 중앙아메리카를 거쳐 북아메리카까지 숲을 찾아 다녔어요. 북아메리카에 도착한 자이언트땅늘보는 약 1만 년 전에 거의 다 사라졌어요. 카리브 제도에 적은 수의 자이언트땅늘보가 살아남았는데, 그들도 약 4200년 전에 멸종했지요.

자이언트땅늘보는 플라이스토세에 살던 거대동물이에요. 약 250만 년 전부터 1만 1700년 전까지 이어진 플라이스토세에는 빙하기와 간빙기가 번갈아 찾아왔어요. 또 이 시대에는 대륙마다 그곳만의 거대동물들이 살았어요. 털매머드와 털코뿔소는 유라시아 대륙에, 스밀로돈과 동굴사자는 북아메리카 대륙에, 태즈메이니아호랑이와 프로콥토돈은 오스트레일리아 대륙에 살았어요.

그리고 아메리카 대륙을 누비던 온순한 초식동물 자이언트땅늘보도 살았어요. 몸집이 큰 것은 오늘날 코끼리만 했던 자이언트땅늘보는, 두 발로 서서 나뭇잎을 먹을 때 균형을 잘 잡을 수 있도록 힘이 센 꼬리로 몸을 받쳤어요. 자이언트땅늘보는 발톱이 길게 휘어져 있어서 발바닥을 땅에 착 내딛지 못하고 발의 옆면으로 땅을 딛고 걸었어요. 그래서 오늘날 중앙아메리카와 남아메리카의 숲에서 나무에 매달려 사는 몸집이 작은 먼 후손들처럼 움직임이 굼떴답니다. 호모 사피엔스가 이 대륙을 누비기 시작했을 때 자이언트땅늘보가 멸종한 것은 피할 수 없는 일이었는지도 몰라요. 인류에게는 너무나도 잡기 쉬운 먹잇감이었을 테니까요.

그런데 정말 그럴까요?

인류가 나타나는 곳마다 거대동물이 사라져 갔다는 가설은 널리 알려져 있어요. 하지만 모든 과학자가 그렇게 생각하지는 않아요. 어떤 과학자들은 인간이 모조리 죽인 바람에 동굴곰, 다이어울프, 코끼리새 등이 멸종했다고 말하지만, 다른 과학자들은 **기후 변화**가 멸종의 원인이라고 주장해요. 플라이스토세 말기에 이르러서는 선사시대 동물들이 더는 견디기 어려울 만큼 기온이 올라가기 시작했거든요. 하지만 첫째 생각을 지지하는 과학자들은 이렇게 되물어요. "그렇다면 그보다 앞선 온난한 간빙기에 동물들이 살아남은 이유는 어떻게 설명해야 하죠? 동물의 멸종은 인간 활동 때문이에요."

자이언트땅늘보를 한번 볼까요. 발굴된 자이언트땅늘보 뼈 가운데는 잘린 흔적이 남은 것이 있어요. 누가 봐도 인간이 한 짓이지요. 둘째 생각을 지지하는 과학자들도 그 점은 인정하지만 이렇게 반박해요. "유럽, 아메리카, 오스트레일리아에 최초로 정착한 사람들은 자연과 조화를 이루며 살았습니다. 동물을 하나도 남김없이 죽이지 않았어요. 멸종은 기온 상승 때문이에요. 기온이 올라서 자이언트땅늘보가 살던 초원과 서늘한 숲 지대가 사라졌으니까요. 인간의 사냥이 멸종에 마침표를 찍었는지는 몰라도, 멸종의 가장 큰 이유는 기후 변화입니다."

과학자들은 여전히 논쟁 중이에요. 이런 논쟁이 과학의 매력이죠. 논쟁은 계속될 거예요. 진짜 있었던 일을 모조리 분명하게 알게 될 때까지(아니면 적어도 다 알았다고 믿을 때까지) 말이죠.

알파카 이야기

— 6000년 전, 페루

누구도 우리에게 이런 질문을 하지 않아. 아무도 우리한테 이렇게 물어본 적 없어. 하지만 누군가 "이렇게 높은 산에서 알파카로 사는 기분이 어떠니?" 하고 묻는다면 우린 이렇게 대답할 거야. "그렇게 묻다니, 너 참 괜찮은 애구나. 이곳은 환상적이야. 공기는 놀라우리만치 신선하고, 땅은 기분이 좋을 만큼 촉촉해. 먹을 것도 부족하지 않아. 하지만 말이야, 솔직히 말하자면… 조금 따분해." 그 순간 무거운 공기가 흐르겠지? 흰눈썹쉬시꼬리새를 짓누르고 기니피그를 으스러뜨릴 것만 같은 분위기가 감돌 거야.

"따분하다고?"
"어떻게 따분한데?"
그래, 우리도 잘 알아. 우리가 불평할 게 뭐가 있겠어. 언덕은 풀로 뒤덮여 있지, 두꺼운 털가죽은 추위를 막아 주지, 여름에 간지럽기 시작하면 인간들이 털을 밀어 주지… 우리 알파카들은 불평할 거리가 진짜, 정말, 하나도 없어.

그런데 있잖아.
혹시 이런 느낌 알아? 내 안에서 느껴지는 간지러움. 털을 밀 때가 되어 느끼는 간지러움과는 다른, 살갗 아래 깊은 어딘가에서 올라오는 느낌. 웅웅거리고, 보글거리고, 거품이 부풀다가 펑 터질 것 같은 세찬 감정이 안에서 느껴지지. 콘도르를 타고 별까지 날아오르고, 안경곰 가족과 함께 풀밭에서 뒹굴고 싶어. 근육이 쩡쩡한 두 다리로 안데스산맥을 가로지르며 껑충껑충 달리고 싶어.
가끔 이런 기분을 느껴.
사실 꽤 자주, 매일매일 느껴.
하지만 우린 그럴 수 없어. 안데스산맥을 가로질러 달리거나 풀밭에서 뒹굴 수 없어.
아무리 발을 뻗어도 별을 잡을 수 없어. 왜냐하면 우리 알파카들은 울타리 안에 있거든.
콘도르가 그러더라. 예전엔 이렇지 않았대. 골짜기, 눈 덮인 산봉우리, 호수와 화산 같은 것은 모두 콘도르가 세상에 나올 때부터 있었대. 그렇지만 이 울타리는 어느 날 갑자기 생긴 거래.
우리는 울타리 안쪽에 갇히고 안경곰은 울타리 바깥에 남은 거래.
왜 이렇게 된 걸까?
콘도르도 잘 모른대.
알파카는 인간들이랑 살아야 한대. 흰눈썹쉬시꼬리새가 그게 맞다고 짹짹거리고, 기니피그도 고개를 끄덕이며 꿀꿀거려. 그럴지도 몰라. 인간들은 마실 물을 주고 우리가 아프면 돌봐줘. 풀밭을 다 먹어 치우면 울타리도 옮겨 주지. 우리도 인간들이 고마워. 정말로 고마워하고 있어. 하지만 울타리는 항상 닫혀 있지.

그거 알아? 우리는 비쿠냐가 되고 싶어. 하루만이라도 좋아. 콘도르와 안경곰은 멋있지만 우리랑 닮지는 않았어. 하지만 비쿠냐는 조금 작고, 더 수줍어하고, 털가죽이 우리보다 얇지만 우리랑 닮았어. 그런데 울타리 너머에 살면서 신나게 뛰어놀 수 있어, 마음 내키는 대로 걷고 멈출 수도 있어. 별을 향해 발을 뻗을 수도 있어. 비쿠냐는 울타리 바깥에 사는 알파카니까.

야생 동물, 가축이 되다

아프리카에서 탄생한 호모 사피엔스는 아시아, 유럽, 아메리카, 오스트레일리아까지 점점 퍼져 나갔어요. 사냥과 채집을 하며 살아가던 인류는 약 1만 년 전부터 농사를 짓기 시작했어요. 물론 한곳에 머무르며 지내는 정착 생활이 하룻밤 사이에 이루어지지는 않았어요. 기원전 8000년 무렵에서야 인류의 생활에 도움이 되는 변화가 일어났거든요. 어떤 일일까요? 바로 마지막 빙하기가 끝나고 기후가 따뜻해지면서 살아가기 좋은 환경이 펼쳐진 거예요. 온화한 기후 덕분에 동물들도 먹이를 찾아 돌아다닐 필요가 줄었고, 농작물도 더 잘 자라게 되었지요.

사람들은 곡물이 자라는 모습을 보며 가만히 생각했어요. '우리가 직접 심으면 어떨까? 그러면 곡물을 찾아 이리저리 돌아다닐 필요가 없겠지?' 또 동물도 자세히 관찰했어요. '길들여서 키울 수 있는 동물이 있을까? 그렇게만 하면 사냥하러 다니지 않아도 될 텐데.' 사람들이 사냥하며 이리저리 돌아다니던 삶을 그만두고 한곳에 정착해 농사를 지으며 살게 된 사건을 **신석기 혁명**이라고 해요. 그리고 야생 동물을 길들여 집에서 기르는 동물로 삼는 과정을 '가축화'라고 하지요. 모든 동물이 집에서 기르기에 알맞은 것은 아니었어요. 예를 들면 캥거루나 기린을 길들일 수 있을까요? 그렇지만 여러 동물을 길들일 수 있었어요. 그 결과 멧돼지는 돼지가 되었고, 오록스는 소가 되었어요. 야생 닭은 지금의 닭이 되었고, 무플런은 양이 되었지요.

사람들이 동물을 길들여 키운 이유는 다양해요. 말, 낙타, 코끼리는 짐을 실으려고, 개는 양 떼를 지키려고, 돼지와 소는 고기를 얻으려고, 양과 라마는 털을 얻으려고, 고양이는 들쥐나 생쥐를 잡으려고 길렀어요. 이렇게 사람들이 여러 가지 쓸모를 위해 길들여 기르는 동물을 가축이라고 불러요.

가축의 역사에서 맨 앞에 있는 동물은 바로 개예요. 개는 늑대의 후손이죠. 1만 년 전 사람들은 늑대를 길들이기 위해 가장 몸집이 작고 덜 공격적인 녀석을 골라 새끼를 낳게 했어요. 이렇게 얻은 새끼 중에서 다시 가장 몸집이 작고 덜 공격적인 녀석을 골라 새끼를 낳게 했지요. 이 과정을 수없이 되풀이한 끝에 비로소 사람들은 집을 지키는 개를 손에 넣을 수 있었어요. 가축화는 이처럼 매우 오래 걸리는 일이랍니다.

오늘날 가축이 된 동물들의 조상 가운데는 멸종한 동물도 있어요. 예를 들면 소의 조상인 오록스가 그렇지요. 그렇지만 늑대는 지금도 남아 있어요. 비쿠냐도 그렇지요. 낙타과 동물인 비쿠냐는 안데스산맥의 비탈진 언덕에서 살아요. 그렇다면 비쿠냐의 후손 가운데 가축이 된 동물은 무엇일까요? 맞아요, 알파카예요. 알파카는 따뜻한 털을 얻기 위해 기르는데, 알파카털은 양털보다 일곱 배는 더 따뜻하답니다.

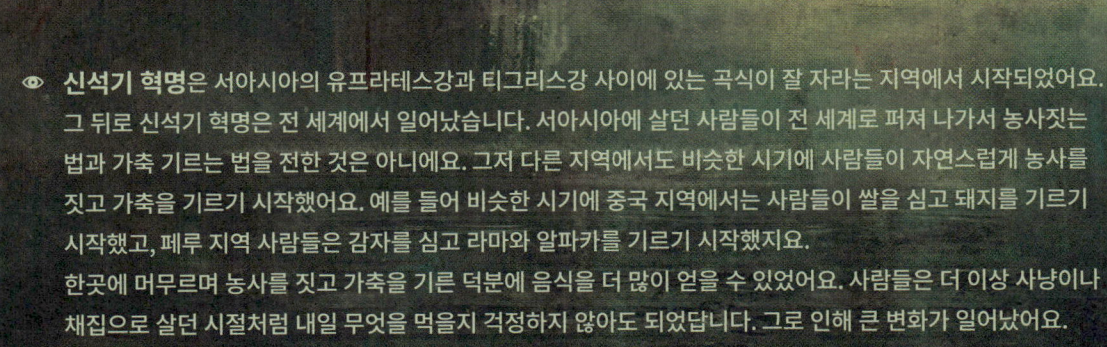

👁 **신석기 혁명**은 서아시아의 유프라테스강과 티그리스강 사이에 있는 곡식이 잘 자라는 지역에서 시작되었어요. 그 뒤로 신석기 혁명은 전 세계에서 일어났습니다. 서아시아에 살던 사람들이 전 세계로 퍼져 나가서 농사짓는 법과 가축 기르는 법을 전한 것은 아니에요. 그저 다른 지역에서도 비슷한 시기에 사람들이 자연스럽게 농사를 짓고 가축을 기르기 시작했어요. 예를 들어 비슷한 시기에 중국 지역에서는 사람들이 쌀을 심고 돼지를 기르기 시작했고, 페루 지역 사람들은 감자를 심고 라마와 알파카를 기르기 시작했지요.

한곳에 머무르며 농사를 짓고 가축을 기른 덕분에 음식을 더 많이 얻을 수 있었어요. 사람들은 더 이상 사냥이나 채집으로 살던 시절처럼 내일 무엇을 먹을지 걱정하지 않아도 되었답니다. 그로 인해 큰 변화가 일어났어요. 바로 인류의 수가 폭발하듯 늘기 시작한 거예요.

공작새 이야기

— 기원전 340년, 그리스

잘 봐, 똑똑히 보라고. 이보다 더 나을 수 있겠어? 이 근방에 있는 새들 가운데 가장 아름다운 건 나야 나. 잘난 체하지 말라고? 흥. 그건 네 생각이고, 내 생각은 완전히 다르거든. 그나저나 저기 있는 새들 정말 못 봐 주겠다.
누구보고 하는 말이냐고?
잠시 내 얘길 들어 볼래?

새장 왼쪽에 있는 애부터 볼까? 쟤는 이집트기러기야. 이름과 어울리지 않지? 땅에 달라붙어 사는 데다 발이 납작하고 목이 짧은데 어딜 봐서 기러기처럼 보이냐고. 딱 봐도 오리 같잖아. 저 칙칙한 갈색 털은 또 어떻고. 시끄럽게 꽥꽥 대는 소리는 떠올리기도 싫어. 이집트 사람들은 쟤들을 신성한 새라고 여겼대. 저런 새한테서 대체 뭘 본 건지… 하늘과 땅을 이어 주는 전령 역할을 한다고 믿었다냐? 제정신이 아니었던 거지. 정신이 반쯤 나가 있었던 게 틀림없어.
이제 횃대에 앉아 있는 비둘기로 넘어가자. 비둘기라… 더 말할 필요가 있을까? 두 다리로 멍하니 서 있는 털 뭉치 같으니라고. 세상에 자기들만 있다는 듯이 깃털을 휘날리며 퍼덕이는 꼴이라니. 쟤들이 떠난 자리는 더럽기 그지없어. 저렇게 쪼그만 몸에서 어떻게 그리 많은 것이 나오는지… 정말 비위생적이야.
닭은 위생에 신경도 안 써. 온갖 더러운 것을 그냥 밟고 다니지. 맞아, 좀 전에 닭으로 넘어왔어. 저렇게 못생긴 애들은 대충 쓱 봐도 되겠지? 쟤네가 달릴 때 뒤에서 본 적 있어? 없다고? 그럼 그냥 넘어가자. 쟤들은 그저 깃털에 덮인 채 꼬꼬댁거리기나 하는 멍청한 애들일 뿐이니까.
이제 뿔닭을 볼까. 뿔닭이라… 좀 전에 내가 닭을 보고 멍청하게 꼬꼬댁거리기나 한다고 했던가? 뿔닭은 더해. 저 작은 머릿속에는 정말 아무것도 들어 있지 않아. 해가 지고 한참이 지나도 멈추지 않고 쉰 목소리로 꽥꽥거리고 성질머리 부리면서 돌아다닌다니까. 방금 뭐라고 했어? 뿔닭 깃털이 예뻐 보인다고? 진심이야? 검은 바탕에 흰 점들이 내 눈에는 그냥 그래. 단조로운 데다 뻔하고 지겹달까. 나 지금 꽤 너그럽게 말하는 거야.

내 꼬리 깃털 한번 올려 줄까? 괜찮아, 그 정도는 해 줄 수 있어. 어때, 숨이 멎을 만큼 멋지지 않니? 나도 알아. 이런 꼬리 깃털은 나 빼곤 누구도 갖고 있지 않다는 걸. 사람들이 넋을 놓고 쳐다본다니까. 너만 그런 게 아니야. 모두 나한테서 눈을 떼지 못하고 계속 바라보지. 펜을 들고 와서 이것저것 적는 사람도 있어. 무얼 적는지 알아? 내 아름다움에 관한 글이야. 내가 얼마나 우아한지, 얼마나 고상하고 기품 있는지에 대해 쓰는 거야. 꼬리 깃털을 한 번 더 들어 올려 줄게. 내가 얼마나 아름다운지 잘 봐. 가까이 와서 보면 내 꼬리 깃털이 너를 바라보고 있는 것처럼 보일 거야.

동물, 연구 대상이 되다

기원전 500년 무렵, 지금의 그리스 지역에서는 경제가 발전하고 문화가 꽃피었어요. 사람들은 도시 국가를 이루어 살았어요. 도시와 그 주변 지역이 자기들의 정부를 세워 작은 나라처럼 운영한 것이죠.
도시는 창의적인 생각들로 가득했어요. 연극, 시, 건축, 조각을 비롯한 모든 분야에서 사람들이 새로운 것에 도전했답니다. 철학 분야에서는 소크라테스, 플라톤, 아리스토텔레스 같은 이들이 서양 철학의 흐름을 완전히 바꿔 놓았어요. 과학 분야에서도 많은 일이 일어났어요. 거의 모든 것을 호기심 어린 눈으로 바라본 고대 그리스 사람들은 의학과 자연과학에서 중요한 발견을 이루어 냈습니다. 그리고 또 하나, 동물을 연구의 대상으로 바라보았어요. 그 전까지 동물은 그저 먹을거리이거나, 사람이 하는 일을 돕거나, 달걀, 우유, 털 등을 생산하는 가축에 지나지 않았어요. 왕이나 귀족처럼 신분이 높은 사람들은 야생 동물을 잡아 와서 자기들이 얼마나 부유하고 힘이 센지 보여 주는 자랑거리로나 삼았지 과학에는 아무런 관심이 없었죠. 하지만 고대 그리스에서는 달라졌어요. 몇몇 도시 국가에서는 외국을 여행하거나 군대를 이끌고 원정을 나가 잡은 진귀한 동물들을 수집했어요. 이 동물들은 사람들의 구경거리가 되기도 했지만, 진지한 연구 대상이 되기도 했어요.
도시 국가에는 정원을 마련할 곳이 그리 많지 않았지만, 사람들은 동물을 가까이 두고 싶어 했어요. 그래서 새 사육장을 따로 만들어 비둘기, 닭, 오리, 뿔닭 등을 키우는 사람들이 있었습니다. 인도공작을 키우는 사람은 수많은 이의 관심을 받았는데, 공작을 보려고 사람들이 먼 곳에서도 찾아왔죠. 과학자들도 공작에 관심을 보였어요. 그들은 공작의 아름다운 꼬리 깃털에 감탄하는 데서 그치지 않고 공작의 움직임, 몸의 구조, 울음소리까지 꼼꼼하게 살펴보았죠. 그 가운데 이 모든 것을 기록으로 남긴 사람이 있는데, 바로 **아리스토텔레스**랍니다.

👁 철학자 **아리스토텔레스**는 생물학의 아버지로도 알려져 있어요. 그는 동물과 자연에 관심이 많았어요. 동물을 세심하게 관찰하는 능력이 뛰어났고, 동물을 분류하여 정리하는 것도 좋아했어요. 그리고 『동물의 역사』라는 책에 자신이 관찰하고 정리한 모든 것을 남겼지요.
아리스토텔레스는 비슷한 점과 차이점에 따라 동물을 분류했어요. 예를 들어 깃털, 날개, 부리가 다 있는 동물은 모두 새로 분류했죠. 당연한 것 아니냐고요? 그렇지만 아리스토텔레스 이전에는 그 누구도 이렇게 하지 않았답니다. 또 그는 동물이 보이는 행동의 이유도 알아내고자 했어요. 아리스토텔레스는 공작의 행동을 보고서, 공작이 자만심이 많고 질투가 심하다고 생각했어요.
아리스토텔레스는 자연에는 계급이 있으며, 모든 생물과 무생물은 얼마나 완전한지에 따라 위아래 순서가 매겨진다고 생각했어요. 이 계급에서 인간은 동물보다 높은 자리에 있고, 동물은 식물보다 높은 자리에 있어요. 신은 가장 높은 자리에 있고, 흙이나 돌 같은 무생물은 가장 낮은 자리에 있지요. 아리스토텔레스는 이러한 질서를 '존재의 대사슬'이라고 불렀어요.
아리스토텔레스가 기원전 4세기에 쓴 『동물의 역사』는 2000년 동안이나 동물 연구에 큰 영향을 끼쳤어요. 16세기가 되자 과학자들이 자신의 관찰과 생각을 바탕으로 책을 쓰기 시작했지만, 아리스토텔레스는 여전히 과학적 영감을 주는 인물로 남아 있었습니다.

유럽살모사 이야기
— 기원전 30년, 이집트

스슷스슷… 엉터리 이야기야. 진짜 말도 안 되는 이야기지. 인간들은 이야기를 잘도 지어 낸다니까. 그래 놓고 사실이라고 믿기는 하는 걸까? 한 여자가 죽었어. 콧대가 높은 그 여자는 남자들의 마음을 빼앗는 매력 있는 여왕으로 유명했어. 처음에는 자기 남동생이랑 결혼했고, 다음에는 어떤 로마 장군이랑 결혼했으며, 그다음에는 또 다른 로마 장군이랑 결혼했어. 그녀를 두고 누구는 빼어난 미인이라고 하고, 누구는 못생긴 마녀라고 하지. 예쁘든 못생겼든 나는 신경 안 써. 나는 뱀이니까.
아무튼 그 여자가 죽었어. 병에 걸렸냐고? 사고가 났냐고? 아니, 스스로 목숨을 끊었어. 처음에는 그게 무슨 말인지 이해가 안 되더라. 죽음이 뭔지는 나도 알아. 우리 유럽살모사들도 도마뱀, 쥐, 두더지 같은 것을 사냥하거든. 독니로 물면 버둥거리다가 곧 뻗어 버리지. 독은 아주 편리하고 쓸모가 많아. 하지만 스스로 목숨을 끊는 데는 쓰지 않아. 우리가 뭐 하러 그러겠어. 그렇게 해서 뭐 좋은 게 있다고. 스슷스슷.
하지만 그 여자는 그렇게 목숨을 끊었지. 이유는 몰라. 시녀 두 명도 같이 죽었어. 마찬가지로 자살일까? 다른 사람이 결정을 내린 죽음도 자살이라고 할 수 있나? 뭐든 상관없어. 죽은 여자들은 내 알 바 아니야.
하지만 이건 짚고 넘어가야 해.
사람들이 그러는데, 그 여자가 우리를 써서 목숨을 끊었대. 이게 말이 돼? 엉터리야! 만약 그 이야기가 맞는다면 스스로 목숨을 끊은 게 아니라 남이 죽인 거야. 하지만 결코 사실이 아냐. 우리는 고슴도치나 쥐보다 큰 생명체는 절대로 죽인 적 없어. 커다란 생명체를 죽일 만큼 독이 많지도 않아. 다시 한번 말하는데 우리가 뭐 하러 그러겠어. 우리가 그 여자를 잡아먹을 것처럼 보여? 그러기에는 우리가 너무 작다고! 아무튼 우리랑은 아무 상관없는 이야기야. 정말로 엉터리 이야기야, 진짜 말도 안 되는 이야기지. 스슷스슷.

아직도 못 믿겠어?
아니 땐 굴뚝에 연기 날 리 없다고?
그렇다면 알리바이를 제공하지.
그 여자는 이집트에서 죽었지만, 우리는 이집트에
살지 않아. 따라서 우리는 결코 살인뱀이 아냐.
우린 이집트가 어딘지도 몰라. "이집트에 가려면 어디로
가야 해요?" 하고 물으면 우리는 답을 해 줄 수 없다고.
우리는 유럽에 살아. 정확히는 남유럽에 살지. 우리가 사는
곳과 이집트는 바다로 나뉘어 있어. 그러니 우리는 그 여자를
독으로 죽이지 않았어. 간단하잖아. 애초에 그럴 수 없으니까.
하지만 사람들은 진실에는 관심이 없는지 눈 하나 깜짝하지 않고
이렇게 말하지. "클레오파트라는 유럽살모사 독으로 자신과 시녀들의
목숨을 끊었다." 그렇게 소문이 퍼지게 된 거야.
진짜 엉터리 이야기야. 제정신이 아닌 것 같아.
스슷스슷….

동물, 이야기의 주인공이 되다

고대 이집트는 약 5000년 전 나일강 주변에서 발생한 문명이에요.
나일강에 홍수가 나면 주변의 땅은 기름진 진흙으로 덮였어요.
덕분에 이집트는 풍요로운 농업 사회로 발전할 수 있었죠.
고대 이집트는 '파라오'라고 불리는 왕과 여왕이 다스렸어요.
파라오들은 세상을 떠난 뒤 그들을 기리는 커다란 무덤에 묻혔어요.
그 무덤들 가운데 가장 유명한 것이 바로 피라미드예요. 고대 이집트
사람들은 죽음 뒤에도 삶이 이어진다고 생각했어요. 죽음 뒤의 세계가
있다고 믿었거든요. 그 세계에서 **신**은 죽은 이를 지키는 중요한 역할을
했어요. 그래서 이집트 사람들이 신들을 피라미드 벽에 그려 넣은
거예요.
가장 마지막 파라오는 클레오파트라 7세예요. 18세에 왕위에 오른
클레오파트라는 남동생과 결혼했어요. 당시 이집트에서는 그런
결혼이 드물지 않았어요. 정말 드문 일은 따로 있었어요. 그 무렵
보기 드문 대규모 홍수가 났거든요. 그 바람에 농사를 망쳐서 많은
사람이 굶주림에 시달렸어요. 그뿐 아니라 강대국인 로마가 이집트를
위협했어요. 로마는 이집트를 직접 다스리고 싶어 했죠. 그렇지만 로마
사람들은 똑똑한 클레오파트라를 얕잡아보는 실수를 하고 말았어요.
젊은 파라오이던 클레오파트라는 로마의 권력을 손에 쥔 장군
율리우스 카이사르와 사귀었어요. 이를 통해 자신의 왕좌를 지켜
냈죠. 카이사르가 죽은 뒤에는 로마의 또 다른 권력자 마르쿠스
안토니우스와 사랑하는 사이가 되었어요. 이 이야기에서
클레오파트라는 믿을 수 없을 만큼 아름다워서 남자들을
한 번에 유혹할 수 있었다고 해요. 하지만 오늘날 어떤 연구자들은
클레오파트라가 전혀 아름답지 않았다고 주장해요. 무엇이 사실인지는
알 수 없어요. 클레오파트라의 모습이 담긴 물건도 거의 남지 않았고,
그녀의 무덤도 아직 발견되지 않았으니까요. 그러다가 2007년
클레오파트라의 모습이 찍힌 로마 동전이 발견되었어요.
가느다란 입술, 평평한 이마, 튀어나온 턱, 매부리코…
고대 이집트에서도 아름다운 외모는 아닌 얼굴이었어요.
클레오파트라와 안토니우스는 로마의 장군인 옥타비아누스와의
싸움에서 패배했어요. 클레오파트라는 옥타비아누스를 유혹하여
권력을 지키려고 했지만 실패하고 말았죠. 결국 클레오파트라는
스스로 삶을 마감합니다.
클레오파트라의 죽음에 대해 여러 가지 이야기가 있어요.
먼저 클레오파트라와 시녀들이 유럽살모사를 이용해 목숨을 끊었다는
이야기가 오랫동안 사실로 여겨져 왔어요. 하지만 유럽살모사가
이집트에 살지 않으므로 이집트코브라를 이용했다는 이야기로
바뀌었다가, 이후 뱀 이야기는 역사책에서 완전히 사라졌어요.
이제 어떤 역사학자들은 클레오파트라가 아편과 독미나리,
투구꽃을 섞어 만든 독을 마셨을 거라고 생각해요. 이와 달리
클레오파트라가 스스로 목숨을 끊은 게 아니라 옥타비아누스에게
죽임을 당했다고 주장하는 역사학자도 있답니다.
무엇이 사실이든 간에, 클레오파트라가 죽은 뒤 파라오가 다스리던
이집트는 막을 내렸어요. 훗날 로마 황제가 된 옥타비아누스는
이집트를 로마의 한 지역으로 삼아 다스렸답니다.

👁 자연을 성스럽게 여긴 고대 이집트 사람들은 여러 **신**을 동물 머리를 한 사람
모습으로 표현했어요. 가장 유명한 이집트 신은 세상을 창조한 태양신 라예요.
라는 사람 몸에 매나 독수리의 머리를 한 모습을 하고 있어요. 라의 맞수는
어둠과 혼돈과 파괴를 상징하는 신 아펩이에요. 거대한 뱀의 모습을 한 아펩은
라를 무찔러서 태양이 다시 떠오르지 못하도록 하려 하지만 늘 실패합니다.
오히려 라와 싸우다가 크게 다쳐 피를 많이 흘리는데, 고대 이집트 사람들은
해가 뜰 때 하늘에 드리우는 붉은 빛이 아펩의 피라고 생각했어요.

◀ 사자

사자 이야기

— 278년, 이탈리아

맛은 형편없어. 뼈만 잔뜩 있고 고기는 별로 없어. 사냥하긴 쉬운데… 그건 그냥 내 눈앞에 있으니까 그런 거야. 가끔 도망치기도 하지만 한 번 껑충 뛰면 따라잡을 수 있어. 소리를 질러대지만 금세 잠재울 수 있어. 내 발로 한 방 치면 끝이거든.

예전에는 이렇지 않았어. 얼룩말이나 혹멧돼지는 내가 목을 물어 경정맥을 끊을 때까지 가만히 기다려 주지 않거든. 그래서 사냥 한 번 하는 데 몇 시간이나 걸리고, 허탕 칠 때도 자주 있었어. 내 이빨과 발톱은 세계 제일이지만, 얼룩말과 혹멧돼지도 도망치는 데는 선수야.

인정하기 싫지만 걔들이 잘 도망치는 건 사실이야.

이젠 다 옛날 얘기야. 황색 사바나 초원을 숨죽여 기어다니고, 사냥에 성공한 뒤 뿌듯한 기분을 느끼고, 암사자랑 새끼들과 함께 햇빛을 받으며 꾸벅꾸벅 졸고… 인간들이 나를 그물로 덮치던 날 이 모든 것이 끝났어.

그날 나는 복작대던 무리에서 빠져나와 바위 위에 홀로 누워 있었어. 날씨가 따뜻하고 벌레들이 단조롭게 윙윙거려서 눈꺼풀이 무거웠지. 그러다 그물에 갇힌 거야. 졸음 때문에 사람들이 다가오는 소리를 듣지 못했거든. 하지만 나는 사자답게 있는 힘을 다해 싸웠어.

으르렁대고, 할퀴고, 물어뜯었지. 하지만 인간들은 내 발톱과 이빨에 닿지 않도록 날래게 피했어. 그렇게 비참한 여행이 시작되었어. 우리에 갇혀 이동했는데, 어찌나 덜컹대던지 이따금 너무 흔들려서 내 몸이 앞뒤로 마구 쏠렸지. 배가 고파서 미칠 것 같았어. 목마름도 가시질 않았지.

사바나 초원에서 살던 때는 사냥에 실패하더라도 다음번에 성공할 거라는 희망이 있었어. 그런 희망 덕분에 더 강해지고 더 빨라질 수 있었지. 모래를 흩날리며 먹잇감을 향해 달려들어 치고, 잡아당기고, 갈기갈기 물어뜯었지. 입안 가득 퍼지던 달콤한 피의 맛이란!

이제 나는 어두컴컴한 우리 안에 있을 뿐이야. 다음 식사를 언제 하게 될지도 알 수 없어. 몸에 구멍이 난 것처럼 배가 고프고, 보이지도 들리지도 않아. 뱃속을 찌르는 날카로운 고통에서 벗어날 다른 길은 없어. 오직 철창이 올라가는 때만 기다리지. 이윽고 나는 눈을 찌르는 빛 속으로 끌려 나가. 먹잇감이 기다리고 있는 그곳으로. 기독교인이라 불리는 이상한 먹잇감이야.

나한테 그물을 던진 인간과 같은 종이지만, 그물을 들지는 않았어. 아무것도 들지 않았지. 그들이 나를 두려워하는 냄새가 느껴져. 끔찍한 외침이 나를 둘러싸. 저 위에 앉아 있는 수천 명의 인간이 외쳐대. "기독교인을 죽여! 기독교인을 죽여!" 나를 응원하는 소리 같아.

근육이 팽팽해지고 발밑에서는 모래가 흩날려. 만약 먹잇감이 도망친다면… 한 번만이라도 다시 진짜 사냥을 할 수만 있다면….

인간들이 성난 듯 소리 지르고 나도 으르렁거려. 암사자들을 위해, 새끼들을 위해, 다시는 못 볼 황색 들판을 위해. 나는 몸을 날려 먹잇감을 덮쳐. 가슴은 열망으로 터질 듯해. 치고, 잡아당기고, 갈기갈기 물어뜯어. 인간을 죽여.

동물, 목숨을 걸고 원형 극장에 서다

로마 제국은 로마를 중심으로 지중해를 둘러싼 나라들까지 아우른 커다란 제국이었어요. 가장 번성했던 때에는 영토가 서유럽, 발칸반도, 서아시아와 북아프리카까지 이르렀죠. 기원전 27년에 세워져 500년도 더 넘게 이어진 제국이랍니다. 제국의 가장 높은 자리에는 엄청난 힘을 거머쥔 황제가 있었어요. 그때는 황제의 힘이 신에게서 왔다고 여겨졌기에, 사람들은 황제를 신처럼 섬겨야만 했어요.
여러 황제가 코끼리, 사자, 원숭이, 하마, 악어, 곰, 호랑이, 들소 같은 야생 동물을 수집해 길렀어요. 이 동물들은 로마 제국의 방방곡곡과 그 너머에서 잡혀 로마로 보내졌지요. 황제는 이 동물들을 제 힘을 뽐내는 데 이용했는데, 어떤 동물은 원형 극장에서 싸워야 했어요.
로마에서 가장 큰 원형 극장인 콜로세움에는 무려 5만 명이 넘는 관중이 들어갈 수 있었어요. 로마 사람들이 '구경거리'라고 부르던 행사가 열릴 때마다 콜로세움은 사람들로 꽉 들어찼죠.
요즘엔 구경거리라는 말이 즐거운 일을 떠올리지만 그때는 거의 다 죽음으로 끝나는 행사였어요. 야생 동물끼리 싸우거나, 야생 동물과 사람, 즉 **베스티아리**가 싸웠어요. 정오가 지나면, 가둬 두었던 죄수들을 야생 동물들에게 던져 넣었어요. 훈련받은 남자들이 목숨을 걸고 싸우는 검투사 대결은 하루의 마지막에 열렸지요.

로마 사람들은 폭력을 좋아했어요. 피가 많이 흐를수록 더 신나서 소리 질렀어요. 그렇게 콜로세움에서는 100만 마리가 넘는 동물이 죽음을 맞이했어요. 동물들은 원형 극장 지하의 우리에 갇혀 지냈어요. 사람들은 싸움이 벌어지는 날 더 사나워지도록 동물들을 굶기고는 했죠.
야생 동물들 앞으로는 주로 기독교인이 내몰렸어요. 이들은 스스로 신의 아들이라고 주장하는 어떤 목수의 아들, 즉 예수를 믿었지요. 로마의 신이 아니라 새로운 신을 믿은 거예요. 로마 사람들은 예수를 죄인으로 여기고 십자가에 못 박아 처형했어요. 하지만 예수가 죽은 뒤에도 기독교인들은 황제를 신으로 받들지 않았지요. 그래서 어떤 로마 황제들은 이 새로운 종교가 자기 힘을 위협한다고 생각하고서 기독교인을 마구 잡아들여 원형 극장에서 죽게 했습니다.
하지만 역사에서 자주 보듯이, 누군가를 억누르려 하면 할수록 오히려 그렇게 되지 않고는 해요. 금지된 종교를 믿는 로마 사람이 점점 늘어 기독교인 수가 걷잡을 수 없이 많아졌어요. 이윽고 서기 313년, 기독교는 로마 제국의 공식 종교가 되었답니다.

◉ **베스티아리**는 원형 극장에서 야생 동물과 싸우던 사람을 일컬어요. 잘 훈련된 이들은 무기를 들고 코끼리, 사자, 하마와 싸우며 자신의 용맹함과 끈기를 뽐냈어요. 동물을 죽이는 데 성공하면 돈과 명예를 보상으로 받았지요. 하지만 사형을 앞둔 죄수나 기독교인이 원형 극장에 내몰리면 이야기는 완전히 달라졌어요. 이들에게는 무기도, 제대로 맞서 싸울 기회도 주어지지 않았어요. 때로는 발가벗겨진 채로 야생 동물에게 내던져지기도 했어요. 기독교인들은 자기를 지킬 한 줌의 기회조차 쥐지 못하고 십자가에 매달리기도 했습니다.

누에 이야기
— 552년, 튀르키예

뭐랄까… 어둡고 답답했어. 끔찍할 만큼 긴 시간이었지. 어느 날 깨어나 보니 낯선 세상이었어.
이게 우리가 아는 전부야. 너는 이런저런 상상을 하겠지만, 일단 우리가 아는 것만 얘기할게.
우린 비단실을 잘 뽑아. 취미냐고? 음… 타고난 능력도 취미라고 할 수 있을까? 그렇다면 숨쉬기도
취미겠지. 우리 누에가 비단실을 만드는 건, 그렇게 하도록 타고났기 때문이야. 그게 바로 누에이고,
누에가 하는 일이야. 이해할 수 있도록 처음부터 차근차근 설명해 줄게.
우리 엄마는 애벌레가 아니라 나방이야. 너희 인간은 요람에서 무덤까지 쭉 인간이지만 우리는
달라. 우리는 두 번 태어나거든. 한 번은 애벌레로, 또 한 번은 나방으로. 어느 날 엄마가 알을 낳았어.
400개도 넘게 낳았지. 그날로부터 두 주쯤 지나서 우리가 알을 깨고 나왔어. 아직 나비도 아니고,
누에라고 부를 수도 없는 진한 갈색 애벌레였지. 엄마는 이미 세상을 떠난 뒤였어. 엄마들은 알을
낳고 얼마 지나지 않아 죽음을 맞거든. 애벌레로 세상에 나오자마자 너무 배가 고파서 곧바로
먹어 대기 시작했어. 오늘도 뽕잎, 내일도 뽕잎이었지. '지겹지도 않나, 어떻게 뽕잎만 먹지?' 하고
너는 생각하겠지. 하지만 우린 뽕잎이 세상에서 제일 맛있어.
그러다 그 이상한 일이 벌어졌어. 어둡고 답답해서 몹시 두려웠던 그 일이. 기억나는 거라고는 남자 두
명에게 우리가 붙잡혔다는 것뿐이야. 비밀스럽게 벌어지는 일 같았지. 그다음엔 온통 어둠뿐이었어.

다시 세상이 밝아졌어. 눈을 떠 보니 딴 세상이었지. 형제자매가 남긴 흔적은 하나도 보이지 않았어.
뽕잎만 그대로였지. 그런데 다행이라는 생각밖에 안 들더라. 굶어 죽을 지경이었거든.
우리는 허겁지겁 꿀꺽꿀꺽 먹어 치웠어. 너무 빨리 자라는 바람에 몇 번이나 껍질을 벗었지.
이제는 애벌레라고 부르기에는 너무 커져 버린 탐욕스러운 노란 누에가 되었지.
아무리 먹어도 배가 채워지지 않았어.
그러던 어느 날 문득 알게 됐어. '충분해. 이제 그만 먹어도 될 것 같아.' 뽕잎이 더는 필요하지 않았어.
비단실 이야기는 여기에서 시작해. 배고픔이 완전히 가시자 입 옆에 있는 토사관이 느껴졌어.
거기로 비단실을 토해 냈지. 공기에 닿자마자 굳어서 실로 변하는 액체 비단실을. 신비롭기도 하고,
기적 같기도 하고, 놀랍기도 했어. 왜 그런 일이 일어났는지는 몰라. 아무튼 우리는 토사관에서 나온
그 실로 고치를 지었어. 고치는 여러 조각으로 지은 집이 아니라 기다란 실 한 가닥으로 틈 하나 없이
지은 단단한 집이야.
고치 안은 어둡기는 해도 안전하게 느껴지고 숨이 막히지도 않았어. 우리는 이제 서로 볼 수 없어.
하지만 다른 형제자매들도 나와 같은 일을 겪고 있으리라는 것은 잘 알아. 우리 몸은 변하고 있어.
이제는 더 이상 누에가 아니야. 번데기가 된 우리는 곧 다시 태어날 거야. 세상은 또 한 번 완전히
달라져 있겠지. 우리도 그럴 테고.

동물, 일꾼이 되다

522년, 그리스 정교의 수도사 두 명이 중국으로 비밀 선교 여행을 떠납니다. 돌아올 때 대나무 줄기를 들고 왔는데, 그 안에는 누에와 알이 몰래 숨겨져 있었지요. 그저 곤충 얘기를 하려고 역사를 살펴보는 건 아니에요.

수천 년 전, 중국 사람들은 누에고치에서 실을 뽑아 비단 짜는 법을 알아냈어요. 비단은 부드럽고 튼튼한 데다 고급스러운 윤기까지 나서 여러 나라 사람들에게 큰 인기를 끌었어요. 중국 사람들은 뽕잎으로 누에를 기르는 방법도 찾아냈어요. 이를 통해 엄청난 돈을 벌 수 있다는 사실도 깨달았지요. 그래서 야생 누에를 길들여 일을 시켰어요. 그렇게 누에는 사람이 길들인 최초의 곤충이 되었습니다.

비단은 중국을 대표하는 수출품이 되었어요. 상인들이 중국에서 비단을 사서 유럽으로 돌아오는 길을 **비단길**(실크로드)이라고 부를 정도였으니까요. 중국 사람들은 비단 짜는 방법을 그 누구에게도 알려 주지 않았어요. 이 귀한 천을 아무나 짤 수 없도록 말이죠. 하지만 서양 사람들은 직접 비단을 짜고 싶어 했어요. 더는 중국에 끌려다니고 싶지 않았거든요.

어떻게 서양에서 비단 짜는 기술을 손에 넣었을까요? 그에 관한 몇 가지 이야기가 있는데, 그중 가장 흥미로운 이야기는 그리스 정교 수도사들이 누에알과 애벌레를 중국에서 몰래 들여온 이야기예요. 먼저 수도사들은 중국에서 비단을 어떻게 만드는지 잘 관찰했어요. 그다음엔 속이 비어 있는 대나무 안에 누에와 알을 숨겼지요. 이 계획은 성공했어요. 누에와 알은 안전하게 콘스탄티노플, 그러니까 오늘날 튀르키예의 이스탄불이라는 도시로 전해졌지요. 중국이 꼭꼭 감춰 두었던 비밀은 이제 누구나 아는 사실이 되었어요. 그때부터 서양 사람들도 비단을 짜기 시작했답니다.

비단실을 토해 내는 누에는 거의 다 나방이 되지 못해요. 고치에서 나방이 나오면 고치가 찢어지는데, 비단실을 고스란히 뽑아내려면 고치가 망가지면 안 되거든요. 그래서 나방이 나오기 전에 고치를 뜨거운 물에 삶아 고치 속에서 누에가 죽도록 하죠. 번식을 위해 따로 기르는 누에들만 나방이 될 수 있답니다.

👁 **비단길**은 하나가 아니었어요. 중국과 동아시아부터 서아시아와 지중해 나라들을 잇는 길이 여러 갈래 있었어요. 비단길은 수백 년 동안 동양과 서양을 잇는 중요한 역할을 했어요. 비단을 비롯한 여러 가지 물건이 이 길을 오갔습니다. 상인들은 공단(천의 한 종류), 도자기, 종이, 루바브(채소의 한 종류) 같은 것을 실어 날랐어요. 물건뿐 아니라 종교, 문화, 질병도 이 길을 따라 퍼졌지요.
2013년, 중국 국가주석은 중국과 서양을 잇는 도로, 철도, 바닷길을 새롭게 손보기로 결심하고 새로운 비단길(New Silk Road) 건설 계획을 시작했어요. 70개 국가가 이 계획에 참여하고 있답니다.

말 ▶

말 이야기

— 1080년, 잉글랜드

솔직히 말할게. 내 주인은 너무 무거워. 아무리 내가 힘이 세더라도 이 무게엔 주저앉을 수밖에 없어. 그렇다고 주인을 태우지 않을 수도 없으니 죽을맛이야. 성 안엔 왕이 나를 골랐다는 이유만으로 질투하는 녀석들이 있어. 나한테 진짜 마구간 최고의 말 맞느냐고 비꼬더라. 그래서 나도 비웃으며 대답해 줬지. "그렇게 샘나거든 너희 기사 주인이랑 왕이랑 바꿀래?" 내가 지위나 명예 같은 것에 너무 관심 없는 걸까? 물론 다른 애들보다 사료 주머니가 두둑한 건 좋아. 그건 인정해. 그리고 시종들이 반짝반짝 윤이 날 때까지 나를 씻겨 주면 그렇게 기분이 좋을 수 없지. 근데 솔직히 말해서, 내 등에 다른 사람을 태울 수만 있다면 그런 것쯤은 다 줘 버릴 수 있어. 돼지처럼 살이 뒤룩뒤룩 찌고 굼뜨기만 한 왕이 타지 않기만 한다면 말이지.

어떻게 사람이 그렇게 무거울 수 있느냐고! 지금 사슬 갑옷이나 거대한 방패를 두고 말하는 게 아니야. 그런 게 무겁다는 건 나도 잘 알아. 나도 오래전에 기사들을 태운 적 있는 몸이니까. 그들은 어딜 가나 사슬 갑옷을 입고 방패나 검, 도끼 같은 것을 주렁주렁 달고 다니지. 그런 것을 내 등에 잔뜩 싣고 그 무게를 버티려면 발굽에 잔뜩 힘을 줘야 해. 그런데 지금 주인은 말이야, 그런 것들 없이도 너무나 무겁다고!

시종들이 뒤에서 뭐라고 했는지 알아? 프랑스 왕이 내 주인을 보고 임신한 여자 같다고 했다나? 그 얘길 하면서 어찌나 낄낄거리던지. 물론 나도 웃음이 터져 나왔지. 푸르르르, 푸히히히힝. 사실이야. 내 주인은 남자애들이 성 안뜰에서 공처럼 차고 노는 돼지 오줌보만큼이나 부풀었거든. 물론 시종들은 쥐 죽은 듯한 목소리로 속삭였지. 나도 간신히 알아들었어. 성안에서는 말조심이 필수야. 왕에 대해 함부로 말했다가 걸리면 목숨이 여러 개여도 모자랄 테니까.

그리고 내 주인이 전투를 승리로 이끌었다는 사실도 잊어서는 안 돼. 헤이스팅스에서라고 했던가? 몇 시간 동안이나 벌어진 전투에서 거둔 승리지. 빛나는 승리였어. 기사들은 기뻐하며 소리쳤지. 그때부터 내 주인은 '정복왕 윌리엄'으로 불려. 나는 '뚱뚱보 윌리엄'이라고 부르는 게 더 좋지만. 시종들이 그러는데 전투 동안 내 주인을 태우다가 말이 셋이나 주저앉았대. 무려 셋이나! 충분히 이해되는 일이야. 그 덩치를 등에 싣고 오래 달리다 보면 어쩔 수 없지. 빠르게 휘두르는 칼과 도끼로 둘러싸여 있었을 테니 더욱.

기사들은 늘 명예, 충성심, 희생을 말하지. 그런데 우리한테 그런 게 다 무슨 소용이야? 명예는 진흙탕일 뿐이고, 충성은 피에 불과해. 그리고 희생은 나를 지켜 줄 사람 하나 없는 전장 한가운데 홀로 남겨지는 것일 뿐이야.

요즘 내 주인이 안장 위에서 뭔가 불안해 보여. 등자에 발을 올릴 때 가끔 중심을 못 잡고 휘청거리더라고. 몸에서는 썩은 내인지, 쉰내인지 이상한 냄새도 나. 또 내가 몸을 한 번 세차게 흔들기만 해도 땅 위로 내동댕이쳐질 것 같아. 그러면 주인이 말을 바꾸려나? 조만간 그렇게 해야겠지. 이대로 있다간 머지않아 마구간 최고의 말이 아니라 등이 가장 주저앉은 말이 되고 말 거야.

동물, 전쟁 도구가 되다

정복왕 윌리엄의 별명은 '사생아 윌리엄'이었어요. 결혼한 부모 사이에서 태어나지 않았기 때문이죠. 프랑스에서 태어나 노르망디 공작으로 지내던 윌리엄은 잉글랜드의 왕이 되겠다는 큰 꿈을 키웠어요. 1066년, 윌리엄은 700척이 넘는 함대를 이끌고 잉글랜드를 향해 출발했어요. 그렇게 잉글랜드의 새로운 왕 해럴드에게 도전했어요. 그해 10월 14일 이른 아침, 잉글랜드의 헤이스팅스에서 양쪽 군대가 맞붙었고, 격렬한 전투 끝에 윌리엄이 승리했어요. 마침내 윌리엄은 왕좌에 오르고, 그때부터 정복왕 윌리엄으로 불렸습니다.

이 모든 일은 중세 시대에 일어났어요. 성과 기사, 시종이 있던 시절이지요. 기사란 자신이 충성을 맹세한 왕이나 귀족을 위해 말을 타고 싸우는 군인을 말해요. 시종은 왕이나 기사를 위해 일하는 사람이고요. 기사는 투구와 사슬 갑옷(나중에 철판 갑옷으로 개량됨)을 몸에 걸쳤어요. 그리고 장검, 단검, 도끼, 곤봉, 활, 방패를 이용해 싸웠지요. 갑옷과 무기를 모두 합치면 무게가 수십 킬로그램은 되었을 거예요.

그 시대의 그림에는 말이 큼직하고 영웅적인 동물로 그려졌어요. 말 주인의 권력을 드러내기 위해서였지요. 그런데 사실 중세 시대의 말은 오늘날의 말보다 크기가 훨씬 작았어요. 말의 키(바닥에서 어깨 꼭대기까지 높이)를 기준으로 보면 오늘날의 조랑말과 비슷했을 거예요.

중세 시대에 말은 **전쟁 도구**였어요. 전투는 영웅적이라기보다는 잔인했어요. 많은 동물이 전장에서 목숨을 잃었죠. 실제로 윌리엄은 타던 말이 죽는 바람에 헤이스팅스 전투 동안 말을 세 번이나 바꿨다고 해요. 헤이스팅스 전투는 유명한 예술 작품인 바이외 태피스트리에 잘 나와 있답니다. 자수로 만든 바이외 태피스트리는 오늘날의 만화책을 떠올리는 작품인데, 길이가 무려 70미터나 돼요. 이 작품을 보면 기사들의 다리가 말의 배 아래까지 길게 늘어져 있어요. 역시 조랑말 크기였네요!

윌리엄은 나이가 들어 비만이 심했어요. 그래서 살을 빼려고 포도주만 마시는 다이어트를 했지만 별 도움은 안 되었대요. 1087년, 윌리엄은 말에서 떨어져 죽었어요. 몸집이 워낙 커서 시신을 관에 넣기 어려웠지요. 사람들이 배를 꽉꽉 눌러 겨우 관에 쑤셔 넣었지만, 시신이 터지는 바람에 뱃속 장기들이 쏟아져 나왔다고 해요. 윌리엄은 잉글랜드의 영웅으로 추앙되지만, 장례식은 냄새가 고약했을 거예요.

개, 비둘기, 돼지, 코끼리, 돌고래, 심지어 반딧불까지 전쟁에 이용되던 시절이 있었어요. 동물들은 무언가를 지키거나, 편지를 전달하거나, 적군이 탄 말을 겁주었어요. 또 물건을 실어 나르거나, 함정을 찾아내거나, 어두운 밤에 이동하는 병사들을 위해 빛을 밝혀 주었지요. 하지만 그 어떤 동물도 말만큼 **전쟁 도구**로 많이 이용되지는 않았습니다.

말이 전장에서 전차를 끈 지는 5000년도 더 되었고, 시간이 더 흐른 뒤에는 기병이 말을 타고 싸웠지요. 그렇게 말은 병사들의 친구가 되었어요. 기병이 검에 베이거나 총에 맞아 죽는 마지막 순간까지 말은 곁에서 함께했지요. 1914년 제1차 세계대전이 일어난 뒤, 역사상 최초로 장갑차와 탱크가 전쟁에 대규모로 투입되었어요. 그런데 탱크는 진흙에 빠지기 일쑤였고, 장갑차는 연료가 떨어지면 옴짝달싹 못 했죠. 그래서 말이 다시 전장에 나섰어요. 배가 고파도 추워도 말은 계속 움직였으니까요. 제1차 세계대전이 치러진 4년 동안 무려 800만 마리의 말이 목숨을 잃었어요. 다치거나 굶주려서, 병에 걸리거나 힘이 다 빠져서 죽었지요.

말을 탄 군대가 맞붙은 마지막 전투는 제2차 세계대전이 막 시작한 1939년 9월에 있었어요. 그 뒤에도 말은 여전히 정찰이나 운송에 이용되었지만, 더 이상 전투에 직접 나서지는 않았습니다.

쥐와 이 이야기

— 1347년, 시칠리아

쥐: 정말이지 바로잡고 싶어.

이: (순진무구한 말투로) 뭘?

쥐: 우릴 너무 심하게 오해하잖아.

이: (살짝 웃으며) 후후.

쥐: 몇 세기 동안 우리를 두고 너무 심한 거짓말들이 퍼졌어. 나쁜 소문들이 퍼지고, 또 퍼지고…

이: (화내는 말투로) 어떻게 그럴 수 있어?

쥐: 알고 보면 근거 없는 허무맹랑한 소리야.

이: (비웃으며) 그럼 완전히 속아 넘어간 거네.

쥐: (헛웃음 지으며) 어이없어 웃음만 나와. 사실 어떤 일이 있었느냐면…

이: (다리를 마구 흔들며) 빨리 말해 줘, 쥐야. 궁금해 죽겠다고!

쥐: 중세 말기인 1374년 10월의 어느 날이었어. 시칠리아의 항구에 어떤 배가 정박했지. 시칠리아는 이탈리아 남서쪽에 있는 섬이야. 배들은 늘 항구를 오갔으니까 특별한 일은 아니었어. 그 배는 크림반도에서 온 배였어. 크림반도는 우크라이나 아래쪽, 그러니까 흑해에 있는 반도야. 배에 뭐가 실려 있었는지는 잘 몰라. 모피였던가? 리넨이었던가? 리넨이 뭐냐면…

이: (주의를 주듯) 요점만 말해!

쥐: 아무튼 우리 조상님 중에서 몇 분이 그 배에 함께 타고 있었나 봐. 우리들 쥐는 기나긴 바다 여행을 좋아하지. 배에는 선원들도 있었는데, 그 가운데 몇 명이 아팠어. 크림반도에서 병에 걸린 것 같아. 열이 나고 근육통, 두통, 피로감에 시달리다가 림프샘이 부었고, 결국 거의 모두 죽고 말았어. 열이 나고서 일주일도 안 되어 일어난 일이야. 병은 들불 번지듯 퍼져 나갔어. 시칠리아에서 시작된 병이 이탈리아 전체로, 이어 채 10년도 안 되어 유럽 방방곡곡으로 번졌지. 사람들은 신음하고 슬퍼하면서 어찌해야 할지 몰라 했어. 끝도 없는 죽음들… 사람들은 책임을 지울 누군가를 찾기 시작했지.

이: 그러다 찾아낸 게 바로… (잠시 침묵했다가) 너희구나!

쥐: 그래. 희생양이 된 건 다름 아닌 우리였어. 처음부터 우리를 탓한 건 아니야. 처음에 사람들은 신이 벌을 내렸다고 생각했어. 하지만 누구도 감히 신을 탓할 수 없었지. 그래서 유대인을 탓하며 수많은 유대인을 죽였어. 그러나 병은 계속 퍼져 나갔지. 이윽고 사람들의 손가락은 점점 우리를 가리키기 시작했어. "쥐 흑사병이야!" 그들은 소리쳤어. "너희 털가죽에 사는 벼룩 때문에 흑사병이 퍼졌어!"
조상님들은 이렇게 생각했대. '우리 몸에 붙은 벼룩 때문이라면 벼룩을 탓해야 하지 않나? 벼룩 흑사병이라고 부르고 우리는 내버려두라고.' 하지만 일은 자꾸 꼬여 갔어. 사람들 머릿속, 역사책, 심지어는 위키피디아에도 늘 이런 문장이 있지. "흑사병이 퍼진 건 검은 곰쥐 때문이다."

이: (환호하듯이) 가짜 뉴스잖아!

쥐: 그렇지.

이: (과장하듯 한숨을 내쉬며) 너희 이름이 땅에 떨어졌겠네.

쥐: 따지고 보면 너희 잘못인데.

이: (만족스러운 듯이) 그래, 사실 우리 때문이었어. 우리는 사람들의 피부와 옷에 사니까 흑사병 세균이라는 바통을 주고받으며 이어달리기한 셈이지. 감염된 사람의 피를 빨았다가 건강한 사람을 물면, 짜잔~ 세균은 그렇게 퍼져 나갔어.

쥐: 그 사실이 밝혀진 건 몇 년 안 됐어.

이: (신나서) 덕분에 우리 탓은 별로 안 하지.

쥐: 너희는 마녀사냥도, 욕설도, 죽여 버리겠다는 협박도 안 당했지.

이: (귀여운 척하며) 우리는 길고 더러운 꼬리도 없는 귀여운 작은 벌레일 뿐이니까.

쥐: 기껏해야 사람들이 뒤에서 투덜거리기나 하지.

이: (의기양양하게) 그건 우리 사촌인 머릿니를 두고 하는 거야. 나는 몸니야. 우린 늘 슬그머니 빠져나가지. (미친 듯이) 킬킬.

동물, 누명을 뒤집어쓰다

흑사병은 14세기에 전파되어 유럽을 휩쓴 **유행병**이에요. 이 질병으로 14세기에만 전체 유럽 사람의 3분의 1 가까이 죽었다고 학자들은 말합니다. 병의 원인은 흑사병 세균(페스트균)이고, 벼룩이나 이를 통해 옮아요. 그리고 벼룩은 쥐 같은 포유류를 통해 퍼져 나가죠. 사람 가까이 사는 쥐에 흑사병 세균에 감염된 벼룩이 있다면, 벼룩이 사람에게 흑사병을 옮길 수 있다는 얘기예요. 따라서 앞에서 쥐가 자기에겐 아무 잘못이 없다고 한 말은 완전히 맞지는 않아요. 하지만 오로지 쥐에 붙어 있던 벼룩만이 사람에게 병을 퍼뜨린 범인이라는 오래된 믿음은 사실과 다릅니다. 일단 누군가 흑사병 세균에 감염되면, 세균은 그의 몸에 있던 벼룩이나 이를 통해서 다른 사람에게 퍼졌으니까요. 2018년에 발표된 중요한 연구 결과를 보면, 14세기 유럽에서 흑사병이 그토록 빠르고 널리 퍼진 것은 사람과 사람 사이에서 벼룩이나 이가 빠르게 옮아갔기 때문이래요. 그리고 쥐는 사람만큼 빠르지도, 널리 이동하지도 못해요.

그 시절의 의사들은 도대체 흑사병이 어디에서 왔는지 알지 못했어요. 이유를 알 수 없는 다른 재앙들처럼 흑사병도 신의 징벌이라고만 여겼죠. 그러다 나중에는 유대인이 병을 퍼뜨렸다고 믿었어요. 유대인들이 흑사병에 더 잘 견디는 것을 보고 의심했기 때문이에요. 하지만 유대인들은 위생에 더 철저히 신경 썼을 뿐이에요. 그래서 유대인 마을에는 벼룩이나 이가 적었지요. 이 사실을 모르던 그때 사람들 사이에 유대인이 우물이나 강에 독을 풀어 사람을 죽인다는 소문이 퍼졌어요. 그 결과, 수만 명의 유대인이 죽임을 당했습니다. 유대인 다음으로는 검은 곰쥐가 병을 옮긴다는 비난을 받았습니다.

👁 중세 유럽의 흑사병처럼, 어느 지역에 널리 퍼져 사람이 잇따라 옮아 앓는 질병을 **유행병**(돌림병, 전염병)이라고 불러요. 유행병은 역사책에만 나오는 것이 아니에요. 결핵과 말라리아는 아직도 여러 나라에서 유행병처럼 돌고 있어요. 어떤 질병이 세계 곳곳으로 널리 퍼지는 것을 범유행(팬데믹)이라고 해요. 예를 들면 2019년 11월에 시작해 전 세계로 퍼진 코로나바이러스감염증-19 범유행이 있습니다.

돼지 이야기
— 1457년, 프랑스

돼지 1: 세상에 듣도 보도 못한 일이야.
돼지 2: 잔인하고 불공평하기 짝이 없어.
돼지 3: 엄마가 사형당하다니!
돼지 4: 세상에서 가장 멋지고, 가장 밝고, 가장 겸손한 엄마였는데.
돼지 5: 엄마는 가장 높은 교수대에 매달렸어.
돼지 6: 뒷다리로 발버둥 치셨지.
돼지 1: 우린 엄마랑 감옥에 갇혔어.
돼지 2: 사람들이 가장 먼저 우릴 의심했으니까.
돼지 3: 아무런 잘못 없는 우리 돼지들을!
돼지 4: 우리한테 피가 묻어 있었다는 이유만으로.
돼지 5: 당연히 그럴 수밖에 없었는데…
돼지 6: 엄마한테 묻은 거면, 우리한테도 묻으니까.
돼지 1: 이건 다 그 녀석 때문이야.
돼지 2: 농부의 못된 아들 녀석 같으니라고.
돼지 3: 가끔 그 애가 우리가 사는 우리로 기어들어 왔어.
돼지 4: 그리고 우리 꼬리를 잡아당겼지.
돼지 5: 아니면 코를 꼬집거나.
돼지 6: 우리는 돼지답게 꿀꿀거렸어.
돼지 1: 그런데 농부가 어떻게 했는지 알아? 아무것도 못 들은 척하더라.
돼지 2: 그래서 농부가 '까먹고 안 한' 일을 엄마가 대신 해 줬어.
돼지 3: 하늘나라에 계신 불쌍한 엄마.
돼지 4: 그때는 살아 계셨지.
돼지 5: 엄마가 그 애를 쫓아가서는…
돼지 6: 그리고 그 애는 넘어졌지.
돼지 1: 그 애가 살아서 마지막으로 넘어진 순간이었어.
돼지 2: 엄마는 그 애를 꽉 붙잡았어.
돼지 3: 농부는 난리도 아니었지.
돼지 4: 자기 아들이 얼마나 말썽꾸러긴지 뻔히 알고 있었으면서도.
돼지 5: 그렇게 해서 우리가 감옥에 들어간 거야.
돼지 6: 간수가 문을 잠갔어.
돼지 1: 우리 일곱 돼지는 감방에 갇힌 신세가 되고 말았지.
돼지 2: 변호사는 붙여 줬어.
돼지 3: 변호사는 우리에게 유리한 사건이라고 했어.
돼지 4: 모두 농부 스스로 불러온 일이라고 분명하게 말했어.
돼지 5: 농부가 아들을 제대로 돌보지 않아서 벌어진 일이라고 말이야.
돼지 6: 그 말은 통했어. 농부도 이내 잡혀 들어왔으니까.
돼지 1: 하지만 얼마 안 있다 풀려났지. 잘 돌보지 않은 건 살인만큼 나쁘지는 않으니까.
돼지 2: 여덟 명이 나와서 증언했어.
돼지 3: 판사는 곰곰이 따져 보았지.
돼지 4: 변호사는 최선을 다했어.
돼지 5: 변호사가 "너희는 괜찮을 거야."라고 말하며 귀 뒤쪽을 긁어 주었지. 덕분에 마음이 조금 편안해졌어.
돼지 6: 하지만 엄마를 위해 할 수 있는 건 하나도 없더라.
돼지 1: 사형 집행인이 엄마를 감방 밖으로 질질 끌고 갔어.
돼지 2: 엄마는 비명을 질렀지.
돼지 3: 우리는 울부짖었고.
돼지 4: 그래 봐야 아무 소용 없었지만.
돼지 5: 사랑하는 우리 엄마.
돼지 6: 하늘나라에서 영원히 편안하시겠지?

동물, 처벌의 대상이 되다

1457년 12월, 프랑스 사비니의 어느 법정에 돼지 한 마리가 섰어요. 다섯 살 소년 장 마르탱을 살해했다는 죄목이었죠. 이 돼지의 새끼 여섯 마리도 아이의 피가 묻어 있었다는 이유로 같이 재판을 받았습니다. 중세 유럽에서 동물 재판은 특별한 일이 아니었어요. 말, 개, 양, 돼지, 쥐, 메뚜기, 바구미, 심지어 돌고래까지 법정에 섰지요. 동물들은 범죄를 저지른 사람과 똑같이 재판을 받았어요. 법정에는 검사와 변호사, 증인도 있었답니다.

동물 재판은 두 가지로 나뉘었어요. 하나는 사람을 다치게 하거나 죽게 한 개나 말 같은 개별 동물을 재판하는 것이었고, 다른 하나는 밭을 통째로 먹어 치우거나 수확물을 갉아 먹은 메뚜기 떼나 쥐 떼 같은 동물 무리를 재판하는 것이었죠. 그런데 동물 무리를 사람이 관리할 방법은 없었어요. 전부 다 잡아다 감옥에 가둘 수는 없으니까요. 그래서 두 번째 재판은 다르게 치러졌답니다. 교회 법정에서 재판하고 **파문**이라는 벌을 주고는 했어요. 동물 무리를 그 지역에서 쫓아내고 다시는 돌아오지 못하게 한 거예요. 그런데 메뚜기 떼와 쥐 떼가 고분고분 말을 들었을까요?

생각만 해도 웃기지 않나요? 하지만 중세 사람들은 꽤나 진지했어요. 그때 사람들은 동물과 아주 가까이 지내면서 소나 양, 돼지가 생각 없이 행동하는 게 아니라 자기 뜻대로 행동한다고 여겼거든요. 그래서 동물 법을 오늘날보다 더 잘 마련해 두고서 죄지은 동물을 죄지은 사람과 똑같이 다루었습니다. 사람처럼 재판정에 세워 엄격하게 심문한 뒤, 사람처럼 엄하게 벌했어요. 그렇게 한 이유는, 동물이 죄인 줄 알면서도 죄를 저질렀다고 보았기 때문이에요. 예를 들어 피고석에 들어선 개가 시끄럽게 짖으면 조용히 있던 개보다 더 심한 벌을 받았어요. 일부러 재판을 늦추려고 짖었다고 생각했기 때문이에요.

👁 중세 시대 서유럽은 로마 가톨릭교의 세상이었어요. 교회는 사람들의 생활과 깊이 얽혀 있었죠. 재판도 교회에서 이뤄졌고요. **파문**은 교회를 다니는 사람들에게 내리는 벌이었는데, 파문을 당한 죄인은 교회 공동체 바깥으로 내쫓겼어요. 쥐나 곤충처럼 교회에 다니지 않는 동물도 죄를 지으면 파문을 당했어요. 비록 교회에는 안 나가더라도, 파문을 당한 바구미나 메뚜기는 사람 말을 잘 따라야 했을 거예요. 안 그러면 그저 내쫓기는 데서 그치지 않고 더 큰 벌을 받을 수도 있었을 테니까요.

동물 가운데 법정에 가장 자주 선 동물은 돼지예요. 돼지들은 자유로이 길가를 돌아다니면서 폭력 사건에 자주 휘말렸거든요. 돼지한테는 뒷다리를 묶어 매달아 놓는 벌을 주로 내렸어요. 사비니에서 농부의 아들을 물어 죽인 돼지도 같은 벌을 받았지요. 피가 묻어 있던 새끼 돼지들의 죄를 밝히기는 어려웠고, 결국 새끼 돼지들은 증거가 모자라 풀려났어요. 아직 어린 데다, 새끼 돼지들이 장 마르탱을 물어뜯는 걸 직접 본 사람이 한 명도 없었으니까요. 또 판사는 엄마가 난폭한 것이 새끼 돼지들의 책임은 아니라고도 판결했지요.

돌고래는 왜 재판을 받았을까요? 돌고래 재판은 프랑스 마르세유의 바닷가 마을에서 1596년에 있었어요. 아쉽게도 돌고래가 무슨 죄로 재판을 받았는지는 알 수 없어요. 단지 돌고래가 사형을 선고받고 죽임을 당했다는 이야기만 남아 있답니다.

소 ▶

소 이야기

— 1510년, 인도

오해하지 마. 우리도 싫지는 않아. 엄마가 된다는 건 가슴 벅찬 일이거든. 우리 아이들을 보면 얼마나 뿌듯한지. 그런데 말이지, 사람들이 이렇게 얘기하더라고. 우리가 자기들의 엄마라고. 그게 말이 된다고 생각해?

사람들을 이해하고 싶어서 가만히 살펴보았어. 그랬더니 사람들이 가끔 송아지처럼 보이더라. 우리 곁을 맴돌기도 하고, 우유도 마시고, 우리 아이들이 기운 없을 때 그러듯이 우리에게 기대기도 했거든. 사람들은 송아지라면 절대로 하지 않을 행동도 했어. 그게 뭐냐고? 우리 똥을 모으는 거. 그래, 풀 뜯으며 하루를 보낸 뒤에 나오는 그 질척한 것 말이야. 우리는 그냥 퍽 하고 똥을 뗼군 다음 뒤도 돌아보지 않아. 그런데 사람들은 처음부터 똥을 모을 작정으로 기다리다가 아무것도 남기지 않고 싹싹 긁어 가지. 솔직히 덕분에 주변이 깔끔해져서 좋기는 해. 하지만 도무지 이해가 안 돼. 대체 똥을 가져가서 뭘 하는 걸까?

더 말도 안 되는 짓이 뭔지 알아? 사람들이 우리 오줌을 마신다는 거야. 진짜야. 처음 그 얘기를 들었을 때는 믿기지 않았지만 이 두 눈으로 똑똑히 봤다니까. 우리 아래에다 양동이를 두고 오줌을 받은 다음 컵으로 떠다 마시더라. 우리 아이들은 처음 그 장면을 보고 충격을 받았어. 오줌을 받아 가는 거야 그렇다 쳐도, 그걸 마시다니!

소의 머리로 세상을 다 이해할 수는 없어. 그래서 우리는 단순한 삶을 좋아하지. 풀을 마음껏 뜯을 수 있는 들판, 그 아래에서 쉴 수 있는 나무, 아이들을 기를 수 있는 한적한 곳이 있으면 만족해. 사람들은 그러지 않지. 더 많은 걸 원해. 더 화려하고 더 시끌벅적한 것들을. 언젠가 사람들이 우리에게 꽃목걸이를 걸어 준 적 있어. 우리가 꽃을 다 먹어 치우자 아무렇지도 않은 듯 새 꽃목걸이를 걸어 주었지.

사람들은 우리에게 건물도 지어 줘. 외양간 같은 곳을 말하는 게 아니야. 한 친구가 사람들 말을 엿들었는데, 사람들은 그곳을 '사원'이라고 부른대. 사원이 어떤 곳인지는 모르지만 사람들에게 중요한 곳인 것만은 분명해. 우리는 사람들과 함께 사원에 가기도 해. 나도 가 본 적 있는데, 사원 안으로 발을 내딛다가 깜짝 놀랐어. 아니, 눈앞에 웬 낯선 소 한 녀석이 떡하니 있더라니까. 그래서 나도 모르게 발굽에 힘이 꽉 들어갔는데, 사람들이 내 등을 부드럽게 밀며 앞으로 가라고 해서 어쩔 수 없이 들어갔지. 알고 보니 그건 돌로 만든 소였어. 돌로 소를 만들다니! 우리가 왜 사람들을 이해하지 못하는지 이제 알겠지?

우리들에게 세상은 너무 어려워. 그렇지만 뇌가 작다 해도 우리의 마음은 넓지. 사람들이 부탁한다면, 기꺼이 엄마가 되어 줄 거야.

동물, 신성한 존재가 되다

힌두교는 세상에서 가장 오래된 종교 가운데 하나예요. 오늘날의 파키스탄, 아프가니스탄, 인도 지역에서 약 5000년 전에 생겨났죠. 힌두교인은 여러 신을 믿어요. 그리고 소를 성스러운 동물로 여기고 떠받들죠. 자신들이 믿는 신과 소가 가까운 관계라고 생각하기 때문이에요. 그래서 힌두교에서는 소를 도살하거나 소고기를 먹는 것을 금지해요. 소를 도살하면 감옥에 갇히거나 그보다 더 큰 벌을 받을 수도 있습니다.

소가 지금처럼 특별한 대접을 받게 된 것은 16세기부터예요. 힌두교에서는 모든 생명체를 신성하게 여기지만, 그중 더 신성한 것이 있다고 생각해요. 예를 들어 소는 자식을 위해 헌신하는 어머니와 같이 이타적인 동물로 여겨지죠. 소는 버터나 요구르트를 만들 수 있는 우유를 줘요. 또 소똥은 집 짓는 재료나 비료로 쓰고, 말려서 땔감으로도 이용하지요. 그리고 소의 오줌에 상처를 소독하고 병을 낫게 해 주는 효능이 있다고 믿고 쓰는 사람도 있어요.

이렇게 아낌없이 주는 동물이니 특별 대접을 받아도 전혀 이상할 게 없겠지요? 인도에서는 힌두교 사원에 소의 동상을 세우고, 축제에서 소를 숭배하는 행사를 연답니다. 힌두교인들은 소를 '어머니 소'라고 부른대요.

오늘날 전 세계 힌두교인은 10억 명쯤 되고, 대부분 인도에 살아요. 그런데 힌두교인들이 소 때문에 골머리를 썩이고 있다고 해요.

소는 우유를 주거나 농장에서 일을 할 수 있으면 쓸모가 있지만, 젖이 마른 암소와 다리를 다쳐 일을 못 하는 수소는 기르는 부담만 안겨 줄 뿐이에요. 예전에는 농부들이 이런 소를 불법 도축장에 몰래 팔고는 했어요. 이런 불법 도축장은 인도에 얼마 없는 이슬람교인이 주로 운영했지요. 이슬람교에서 돼지고기는 못 먹게 해도 소고기는 먹게 하니까요. 불법 도축장 때문에 이슬람교인과 힌두교인 사이에 갈등이 커졌어요. 극단적인 힌두교인들은 이렇게 말했죠. "소를 죽이는 것은 힌두교인의 어머니를 죽이는 것과 같다." 그들은 이슬람교인을 못살게 굴고 때릴 뿐 아니라, 심지어 죽이기까지 했어요. '소의 이름을 걸고' 이 모든 짓을 저질렀어요.

늙은 소를 몰래 도축장에 내다 팔던 농부들은 겁에 질려 더 이상 그럴 수 없었어요. 하는 수 없이 더 이상 기르기 어렵게 된 소를 거리에 풀어놓기 시작했어요. 소가 자연스레 죽을 때까지 기르려면 돈이 너무 많이 드니까요. 그렇게 내쫓긴 소들은 알아서 살아가기 시작했죠. 오늘날 인도의 마을과 도시에는 떠돌이 소가 넘쳐 나요. 떠돌이 소들은 채소 가게를 털거나 빵을 훔쳐 먹어요. 또 논밭에서 작물을 뜯어 먹고, 먹을 것을 찾아 쓰레기장을 뒤지고, 도로를 막고, 교통사고의 원인이 되기도 하죠. 정말 이해하기 어려운 현실이에요. 신성한 동물로 받들어지는 소가 그 신성함 때문에 오히려 비참한 삶을 살게 되었으니까요.

👁 수많은 종교에서 동물은 종교 의식을 비롯한 여러 면에서 중요한 역할을 해요. 어떤 종교에서는 동물을 주요한 음식으로 삼지요. 이와 달리 힌두교와 불교에서는 채식을 권장해요. 동물을 가장 귀하게 여기는 종교는 자이나교예요. 자이나교인은 대부분 인도에 사는데, 사람이 죽으면 인간 아니면 동물로 다시 태어난다고 믿죠. 이런 이유로 자이나교인은 모든 폭력을 저지르지 않고, 음식도 채소만 먹어요. 심지어 뿌리채소도 먹지 않아요. 뿌리를 뽑히면 식물은 더 이상 살아갈 수 없기 때문이래요.

북극곰 이야기

— 1596년, 노바야제믈랴 제도

나는 흰색을 사랑해. 배까지 푹 빠지도록 눈이 두텁게 쌓이고 얼음이 지평선까지 펼쳐진 그런 곳이 좋아.
나는 검은색도 좋아해. 얼음 벌판에 난 숨구멍에서 출렁거리는 거무튀튀한 물, 숨을 쉬려고 그 사이로 고개를 내민 바다표범… 퍽! 어떤 동물도 내 발톱을 피할 수 없어. 나는 동물의 왕, 얼음의 황제지.

새로 나타난 생명체들도 바다에서 왔어. 바다표범처럼 말이야. 그것 말고는 닮은 게 없지. 숨구멍을 들락거리지도 않고, 얼어붙은 바닥을 배로 밀고 다니지도 않거든. 녀석들은 물에 떠다니는 나무를 타고 와서 이곳 바닷가에 내렸어. 그 나무는 이제 물에 떠 있지 않아. 녀석들이 그것을 눈밭 위로 끌어올려서는 굴집 같은 걸 만들었거든. 눈 속에 파묻혀 있어서 그런지 어두운 나무 색이 오히려 도드라져 보여.
녀석들은 북극땅다람쥐처럼 그 안에서 꼭꼭 숨어 지내. 잘 보이지는 않지만 살 냄새는 잘 맡을 수 있어. 내가 나무를 긁으면, 그 안에서 소리를 치면서 나무를 쿵쿵 두드리지. 저희들이 감히 누굴 겁주겠다고. 혹시 내가 누군지도 모르는 거 아냐?

어제는 녀석들 가운데 둘이 밖으로 나와서 이리저리 걸어 다니더라. 눈밭에 발이 푹푹 빠지는 소리가 크게 났지. 멍청하기는. 멀리서도 소리가 또렷하게 들릴 지경이었어. 굴 밖으로 막 나온 북극여우 한 쌍이 그 소리를 듣고 날쌔게 도망쳤지. 놈들이 절대로 따라잡지 못할 만큼 빠르게 말이야. 그런데 갑자기 땅 하는 소리가 드넓은 눈밭을 울렸고, 곧 암컷 여우가 쓰러졌어. 두 놈이 허겁지겁 암컷 여우에게 달려갔어. 놈들이 죽인 걸까? 도대체 어떻게 한 거지? 놈들은 여우랑 엄청나게 멀리 떨어져 있었는데….

나도 살펴보러 갔어. 놈들을 잡아먹을 생각은 없었어. 아침에 하프물범을 잡아먹어서 배가 꽉 차 있었거든. 그저 놈들이 어떻게 그렇게 멀리서 북극여우를 잡을 수 있었는지 궁금했을 뿐이야. 놈들은 나를 보자마자 줄행랑쳤어. 어찌나 느려터지던지… 마음만 먹으면 둔한 띠무늬물범이라도 놈들을 쉽게 잡겠다 싶었지. 허둥지둥 도망치던 놈들이 뭔가를 떨어뜨리고 갔어. 가까이 가서 살펴보았더니, 단단하고 차갑고 이상한 냄새가 나는 것이었지. 이걸로 북극여우를 잡은 걸까? 발로 툭툭 건드렸는데 아무 일도 일어나지 않았어.
멀리서 놈들의 외침이 들려왔어. 내가 몇 발짝 다가가며 울부짖자 놈들은 비척거리며 도망갔지. 나는 그러도록 내버려뒀어. 겨울은 길고, 놈들은 하찮은 생명체일 뿐이니까. 언젠가는 놈들의 피로 눈밭이 붉게 물들겠지. 누가 내 발톱을 피할 수 있겠어.
나는 동물의 왕, 얼음의 황제. 나는 흰색을 사랑해.
그리고 검은색도 좋아해. 그렇지만 빨간색이 가장 좋아. 퍽!

인류, 동물의 적이 되다

빌럼 바런츠는 항해사이자 지도 제작자, 탐험가, 원정대장, 북극 연구가였어요. 모험으로 가득한 바런츠의 삶을 기려 '바런츠해'라고 이름 지은 바다도 있답니다. 16세기의 네덜란드는 아시아로 갈 수 있는 새로운 무역 항로를 찾고 있었어요. 남반구를 지나는 항로를 포르투갈 사람들이 모두 차지하고 있는 탓에 네덜란드 사람들은 북쪽으로 눈을 돌렸어요. 북쪽을 거쳐 동쪽으로 가는 지름길을 찾을 수 있지 않을까 하고 생각했거든요. 그 항로를 찾기 위해 빌럼 바런츠는 원정대를 이끌고 원정을 세 번 떠났어요. 마지막 원정은 1596년 5월 10일에 암스테르담에서 출발했지요. 배는 순조롭게 노르웨이, 비에르뇌위아섬, 스발바르 제도를 지났어요. 그런 다음 북동쪽으로 방향을 틀어 항해하다가 러시아 근처의 어느 섬에서 떠다니는 얼음 사이에 갇히고 말았죠. 바런츠는 깨달았어요. 북극의 얼음은 결코 정복할 수 없다는 것을 말이죠. 그가 할 수 있는 일은 단 하나, 봄이 올 때까지 육지에서 겨울을 나는 것뿐이었죠. 바런츠는 자신이 머물게 된 얼어붙은 땅에 노바젬블라('새로운 땅'이라는 뜻, 지금의 노바야제믈랴 제도)라는 이름을 붙이고, 배에서 떼어낸 나무판 등으로 헛간 같은 작은 집을 지었어요.

👁 기후 변화는 오랜 세월 동안 인간하고는 상관없이 자연적으로 일어나는 현상이었어요. 하지만 150년 전 산업 혁명이 일어나면서 상황이 달라졌어요. 증기기관이나 가스, 전기를 쓰면서 인간 삶이 완전히 바뀌었고, 그로 인해 지구 대기에 엄청난 양의 온실가스가 배출되고 있거든요. 온실가스는 열을 가둬서 지구 온도를 높여요. 덕분에 지구가 얼음으로 뒤덮이지 않고 생명이 살아가기 좋은 행성이 되었죠. 하지만 온실가스가 너무 많으면 지구가 뜨거워져요. 이산화탄소는 자동차, 비행기, 공장에서 석유, 천연가스, 석탄을 태울 때 나오는 온실가스예요. 메테인은 소가 방귀를 뀌거나 트림을 할 때도 나오는 온실가스지요. 사람들이 소고기와 유제품을 많이 찾는 바람에 기르는 소의 수도 엄청나게 늘었고, 이에 따라 메테인의 양도 폭발적으로 늘었어요.
인간의 행동이 **지구 온난화** 속도를 높이고 있는 거예요. 기온이 올라갈수록 지구는 더 큰 영향을 받아요. 우리 모두 알고 있는 이야기죠. 매일같이 언론에서 지구 온난화를 다루며 경고등을 켜고 사이렌을 울리고 있으니까요.
지구 온난화의 결과 중 하나는 생명 다양성 감소예요. 동물과 식물이 살아가는 터전이 망가지는 탓에 동식물 종의 수도 줄고, 심지어 멸종까지 하는 거예요. 북극곰도 생존을 위협받고 있어요. 녹아내리는 빙하 위에 서 있는 북극곰의 모습은 지구 온난화의 상징이 되었습니다.

북극의 매서운 바람은 집 틈새를 비집고 안으로 몰아쳤고, 굶주린 북극곰들은 벽을 긁으며 기회를 엿보았지요. 선원들은 밤마다 달군 대포알을 침대 밑에 넣고 추위를 견뎠어요. 극야(극지방에서 겨울 동안 낮에도 어두운 현상)가 찾아와 밤이 계속되었을 때는 모래시계를 보며 시간을 짐작했지요.
1597년 6월, 드디어 길고 지독한 겨울이 끝나자, 원정대는 두 척의 작은 배에 몸을 싣고 집으로 출발했어요. 안타깝게도 바런츠는 이 항해 도중 얼음 틈에 빠져 세상을 떠났습니다. 비록 항로를 찾지는 못했지만, 바런츠의 이름은 여전히 많은 사람의 기억에 남아 있어요. 함께 항해한 부하 장교 한 명이 탐험 기록을 남겨 둔 덕분에, 빌럼 바런츠는 그 시대 가장 용감한 탐험가 중 한 명으로 역사에 남았답니다.
바런츠와 부하들이 노바젬블라에서 마주친 북극곰은 북극의 추위만큼이나 엄청난 위협이었어요. 16세기의 총(머스킷)은 추우면 제대로 작동하지 않았고, 도끼와 창도 두꺼운 곰 가죽을 잘 뚫지 못했거든요. 그래서 몇몇 원정대원은 북극곰에게 목숨을 잃었습니다. 이제는 상황이 바뀌었어요. 인간의 행동 때문에 **지구 온난화**가 빠르게 진행되어 북극의 얼음이 사라지고 있으니까요. 얼음이 녹아 물범을 잡기 어려워진 굶주린 북극곰들은 새로운 사냥감을 찾아 남쪽으로 내려오고 있어요. 2022년 4월 30일 캐나다의 한 마을에 북극곰이 나타난 일로 사람들이 크게 놀랐어요. 그렇게 남쪽에서 북극곰이 발견된 적이 없었기 때문이에요.
겨우 4세기 만에 완전히 뒤바뀐 거예요. 이제 북극곰은 더 이상 사람을 위협하지 못해요. 오히려 사람이 북극곰의 생명을 위태롭게 하고 있답니다.

향고래 이야기

— 1680년, 일본

삑- 삑-
들리는군. 북위 33도, 동경 138도, 수심 2946미터… 대왕오징어가 헤엄치고 있어. 아직 어린 녀석이군. 길이 2미터에, 무게는 30킬로그램도 안 돼 보이네. 굳이 저기까지 잠수할 필요가 있을까? 음, 그 아래에 게가 몇 마리 기어 다니고 있는 것 같은데… 다시 들어 보자. 삑- 삑- 삑- 맞네, 게가 맞아. 한 100미터쯤 떨어져 있는 것 같군. 그렇다면 가 볼 만하지.
첨벙!
어푸!
향고래 나가신다!

나만 보면 다들 그렇게 놀라더라. 게, 새우, 문어, 쥐가오리, 잿빛잠상어 같은 녀석들 말이야. 믿기지 않는다는 눈빛으로 나를 쳐다본다니까. '저렇게 덩치 큰 포유류가 어떻게 이렇게 깊은 곳까지 잠수할 수 있는 거지?' 그런데 놀라는 것도 잠깐이야. 내 입은 엄청나게 크거든. 상어조차 입안으로 빨려 들어올 정도니까.
너를 잡아먹기 전에 내가 누군지 알려 달라고? 나는 향고래야. 분기공(콧구멍)에서 꼬리까지 길이를 재면 17미터는 될 거야. 몸무게는 5000킬로그램쯤? 내 몸속을 흐르는 피를 다 합치면 3000리터는 되고, 핏속에는 어마어마한 양의 산소가 들어 있어서 물속에서 1시간 넘게 보낼 수 있지. 네모지고 뭉툭해 보이는 머리에는 경랍 기관이 있어. '경랍'이라고 불리는 밀랍 같은 액체가 들어 있는 기관으로, 소리를 이용해 물체가 어디 있는지 알아낼 때 중요한 역할을 하지.

경랍 기관 때문에 네 목숨이 위태로워졌다고? 맞아. 이제 내 뱃속으로 들어갈 준비나 하렴.
5000킬로그램이나 되는 몸집을 유지하려면 부지런히 먹어야 하거든. 경랍 기관에 대해 좀 더 알고
싶다고? 알았어. 이 기관은 내가 물 위로 떠오르고 물속으로 잠수할 수 있도록 도와주기도 해.
경랍을 식히면 밀도가 높아져서 잠수하기 쉬워지고, 데우면 밀도가 낮아져서 물에 뜨기 좋은데…
아하, 네 녀석의 속셈을 알았어. 그렇게 시간 끈다고 내가 잊어버릴 줄 알아? 어쨌든 난 널 잡아먹을
거야. 그 기다란 촉수랑 총알처럼 생긴 머리가 있다고 해서 도망칠 수 있다고 착각하지 마.
넌 이미 내 입안에 있으니까.
냠냠 꿀꺽.

우리 향고래는 고래 중에서 가장 깊이 잠수할 수 있어. 소리를 내보낸 뒤 물체에 부딪혀 되돌아오는
것을 듣고 먹이가 어디 있는지 알아낸 다음, 숨을 한 번 크게 들이쉬고 바닷속 깊이 내려와서 한참을
보내지. 깊은 바다에는 대왕오징어도 있고, 운이 좋으면 가오리나 상어도 만날 수 있거든.
우리가 깊은 바닷속으로 내려가는 건 먹이를 찾기 위해서만이 아니야. 우리가 피하고 싶은 것이
물 위에 있기 때문이기도 하지. 그들은 나무배를 타고 와. 그 배에 아주 위험한 것을 싣고 다니다가
우리를 만나면 던지지. 그걸 맞으면 다시는 풀려날 수 없어. 내 눈으로 직접 본 적도 있어.
향고래의 피로 바다가 빨갛게 물드는 장면을 말이야.
이제 위로 올라갈까? 30분은 버틸 만큼 산소가 남았는데…
삑- 삑- 또 들린다.
북위 33도, 동경 136도. 파도를 가르며 지나가는 배 한 척.
깊은 바닷속에 좀 더 있어야겠는걸.

동물, 돈벌이 수단이 되다

처음에 사람들은 바닷가에 떠밀려 온 죽은 고래의 고기를 먹었어요. 자연의 청소부와 같았죠. 그러다가 바다로 나가 직접 고래를 사냥하기 시작했어요. 섬나라 일본은 고래를 최초로 사냥한 나라 중 한 곳이에요. 산이 많고 농사지을 땅이 부족했던 일본 사람들이 배고픔을 해결하기 위해 바다로 눈을 돌린 거죠. 12세기 즈음 작살을 사용해 고래를 사냥하기 시작했는데, 끝이 화살촉처럼 생긴 작살에 줄을 매달아 고래를 향해 던졌어요. 고래는 고기만 준 게 아니에요. 고래 기름은 등불 연료로, 뼈는 갈아서 비료로, 머릿속의 경랍은 향수 재료로 쓰였어요. 향고래에는 없지만 수염고래에는 있는 탄력 있는 수염은 코르셋이나 낚싯대를 만드는 데 쓰였지요. 일본 사람들은 "고래에서 버릴 것은 소리뿐"이라 말하며 향고래를 헤엄치는 보물 상자처럼 귀하게 여겼답니다.

이와 달리 서양 사람들은 고래의 수염과 기름에만 관심이 있었어요. 유럽과 미국에서는 등불을 밝히고 공장을 돌릴 연료와 재료가 필요했어요. 그래서 더 빨리 움직이는 배를 타고 자동으로 발사되는 작살을 쏴서 고래를 사냥했지요. 특히 향고래는 기름이 있는 지방층이 많아 인기가 있었어요. 그래서 마구잡이로 사냥하다 보니 바다를 헤엄치는 향고래 수가 점점 줄었어요. 다른 고래들도 형편은 비슷했어요.

사람들은 그대로 내버려둘 수 없다고 생각했어요. 고래가 사라지는 것만은 막아야 했으니까요. 그리하여 1946년 국제포경위원회(IWC)가 설립되어 고래잡이를 규제하고 고래를 지키는 활동을 시작했어요. 그런 활동은 고래를 보호하는 데 도움이 되기는 했지만 충분하지는 않았어요. 그래서 1986년 국제포경위원회는 이렇게 선언했어요. "고래 사냥을 멈추자. 고래 수가 회복할 시간을 주어야 한다." 이 조치는 큰 도움이 되었어요. 몇 년 뒤, 노르웨이와 아이슬란드는 고래 수가 충분히 회복되었다고 보고 고래잡이를 다시 시작했어요. 일본도 고래잡이를 다시 시작하면서 '과학 연구'를 위한 활동이라고 말했습니다.

그 뒤로 고래잡이를 둘러싸고 혼란이 벌어지기 시작했어요. 여러 나라에서 국제포경위원회가 정한 규칙을 요리조리 피하며 약삭빠르게 어겼어요. 이제 일본은 '과학 연구'라는 핑계도 버리고 고래 고기와 돈을 위해 대놓고 고래를 사냥하지요. 그러면서 "이건 우리의 전통이다. 다른 나라가 간섭할 일이 아니다."라고 말해요. 또 그린피스와 다른 **동물권 단체**들이 바다 위에서 일본의 포경선(고래를 잡는 배)을 막아섰다며 화를 내고 있어요.

수십 년이 흐르면서 몇 가지는 달라졌어요. 고래잡이를 계속하자고 주장하는 사람들은 주로 나이 든 일본인이에요. 젊은 세대는 이 전통을 별로 좋아하지도 않고, 고래 고기보다는 초밥을 더 좋아해요. 일본에서 1년에 한 사람이 먹는 고래 고기 양은 평균 40그램이에요. 이는 작은 사과 반 개의 무게와 비슷하답니다.

👁 페타(PETA)는 모든 동물은 존중받아 마땅한 권리가 있다고 주장하는 미국의 **동물권 단체**예요. 자신들의 주장을 널리 알리는 운동을 벌이는데, 때로는 격렬한 반응을 불러일으키기도 하죠. 한 예로 페타는 2001년 국제포경위원회 총회에서 "고래 고기를 먹자"라고 적은 현수막을 걸었어요. 고기가 먹고 싶으면 차라리 고래를 먹는 게 낫다는 뜻이었죠. 동물의 덩치가 클수록 한 번에 더 많은 고기를 얻을 수 있으므로, 그만큼 동물을 덜 죽여도 된다고 생각한 거예요. 페타는 세상에서 가장 큰 동물인 대왕고래를 예로 들어 설명했어요. "대왕고래 한 마리에서는 닭 7만 마리에서와 같은 양의 고기를 얻을 수 있다. 또 날 때부터 닭장에 갇혀 자라다 밥상에 오르는 닭과 달리 대왕고래는 자유롭게 살아간다. 결론: 고래 고기 햄버거 한 개가 치킨너깃 한 조각보다 동물을 덜 괴롭힌다."

이 얘기를 듣고 사람들은 분노했어요. "동물권 단체가 어떻게 멸종 위기에 있는 고래를 잡아먹자고 부추길 수 있는가!" 물론 페타가 하려던 얘기는 고래 고기를 먹으라는 게 아니에요. 닭이나 소 같은 동물을 먹는 행동에 반대한다는 것이었죠. 인간이 고기를 먹기 위해 매일 수없이 많은 동물을 죽이는 현실을 알리려고 이 같은 운동을 벌인 것이랍니다.

개: 행운이 이야기

— 1796년, 프랑스

봉주르~• 내 이름은 '행운'이야. 행운을 가져다주지. 내가 지어 낸 얘기가 아니라 엄마가 하루에 백 번은 하는 말이야. "아이 예뻐라. 너는 내 행운이야!"
어릴 적부터 이름이 행운이었는데, 언젠가부터 엄마는 나보고 "내 행운"이라고 부르기 시작했어. 예전에 엄마가 집을 오래 비운 적이 있었어. 그때 아이들이 나를 돌봐줬는데, 산책을 나가기 전에 내 목걸이를 만지작거리고는 했지. 애들이 그러든지 말든지 내버려두었어. 산책을 나가서는 어느 낯선 곳에서 엄마를 만나고는 했어. 춥고 무서운 곳이었지만, 엄마를 보자마자 그런 기분은 싹 사라졌지. 난 꼬리를 마구 흔들었어. 그때 엄마가 나한테 끊임없이 뽀뽀하면서 그렇게 말한 거야. "너는 내 행운이야!" 그러면서 엄마도 내 목걸이를 만지작거렸어.
이제는 집에서 엄마랑 함께 살아. 엄마는 나한테 온갖 맛있는 음식도 주고, 밤에는 함께 침대에서 잠들지. 난 정말 행복한 개야.
그런데 요즘 우리 집에 어떤 남자가 드나들고 있어. 나한테 험상궂은 표정을 짓는 그 남자가 싫어. 그 남자는 엄마를 "내 사랑!"이라 부르며 상냥하게 굴지. 그런데 엄마가 자리를 비우기만 하면 나를 노려보면서 이렇게 쏘아붙여. "이 예쁘지도 않고, 착하지도 않고, 사랑스럽지도 않은 것!" 내 참, 기가 막혀서. 지난번에는 부츠 신은 발로 나를 차려고도 했어. 가까스로 소파 밑으로 몸을 피할 수 있어서 다행이었지. 한번 콱 물어 버려야 하는데, 영 기회가 나지를 않네.
어제는 이상한 날이었어. 일찍 일어났는데도 공원에 나가 산책할 시간이 없어서 정원에서 오줌을 누는 것으로 만족해야 했지. 엄마는 거울 앞에서 한참 서 있다가 화장을 하고 향수를 뿌렸어. 그러고는 문을 탁 닫고 나가 돌아오지 않았어. 걱정이 될 정도로 아주 오래. 나는 안절부절못하며 엄마를 기다렸어. 엄마는 밤늦게 돌아왔어. 내 간식은 떨어진 지 오래였어. 그렇게 오래 나를 혼자 두다니. 너무너무 화가 났어. 도저히 참을 수 없어서 커튼 뒤에 똥을 싸 버렸지!
그런데 그 남자가 엄마랑 함께 있었어. 설마 이제 밤에도 함께 있는 건가? 남자가 "내 사랑"이라고 속삭이자, 엄마도 똑같이 "내 사랑"이라고 속삭였어. 계단을 올라가는 두 사람을 뒤따라 나도 올라갔어. 설마 엄마랑 내가 자는 침대에 저 남자를 들이는 건 아니겠지? 이런 젠장, 설마가 현실이 되었네!
나도 재빨리 침대로 뛰어들었어. 그렇게 우리 셋은 한 침대에 누웠어. 남자는 나만큼이나 불편해 보였어. 기분이 언짢은지 계속 툴툴거리면서 호시탐탐 나를 침대 밖으로 쫓아낼 기회만 엿보더라고. 하지만 엄마는 그럴 생각이 눈곱만큼도 없었지. "싫으면 당신이 나가든지." 농담이 아니었어. 엄마는 진심이었어. "참든지, 다른 데 가서 자든지 해." 그 순간, 너무나 기쁜 나머지 나는 그 남자의 발목을 콱 물어 버렸지. 남자는 욕을 했어. 아주 작은 목소리로. 큭큭.

• '안녕'이라는 뜻의 프랑스어 인사말.

동물, 역사의 조연이 되다

행운(프랑스어 발음은 '포르튄느')이는 나폴레옹 보나파르트의 첫 번째 부인 조세핀 드 보아르네가 기르던 작은 개로, 품종은 퍼그예요. 나폴레옹은 자신의 큰 꿈을 현실로 만든 프랑스의 장군이에요. 그의 군대는 전투에서 거듭 승리하며 유럽 대부분을 차지했지요. 1804년 나폴레옹은 스스로 황제 자리에 올랐고, 조세핀은 황비가 되었어요. 나폴레옹은 '누구나 법 앞에서 평등하다'는 원칙을 바탕으로 개인의 자유와 권리, 재산, 평등을 보장하는 새로운 법전을 펴냈어요. 이 법전은 전 세계 시민법에 큰 영향을 주었습니다.

나폴레옹을 만나기 전, 조세핀은 알렉상드르 드 보아르네 장군과 부부 사이였어요. 그런데 이 둘은 1794년에 체포되어 감옥에 갇혔고, 그때 자녀들이 행운이와 함께 차례로 면회를 왔어요. 아이들은 행운이의 목줄에 편지를 숨겨서 엄마와 아빠가 서로 소식을 주고받을 수 있도록 했어요. 알렉상드르 장군이 처형당한 뒤 조세핀은 가까스로 자유의 몸이 되었어요. 그 뒤에 나폴레옹을 만나게 되고, 1796년 3월 9일 파리 시청에서 결혼식을 올렸답니다.

결혼 첫날밤, 조세핀의 침대에는 행운이가 누워 있었어요. 이를 본 나폴레옹은 기분 나빠했지요. 그전부터 나폴레옹은 행운이를 싫어했어요. 예쁘지도, 착하지도, 사랑스럽지도 않다고 생각했지요. 그래서 행운이를 방에서 내보내 달라고 조세핀에게 말했어요. 그런데 행운이는 감옥에서 편지를 몰래 배달한 충성스러운 강아지잖아요. 무얼 하든 조세핀의 눈에는 사랑스럽게만 보일 뿐이었어요. 그리고 조세핀은 자기만의 **메나주리**를 만들 정도로 동물을 정말 좋아했어요. 조세핀은 나폴레옹에게 싫으면 다른 데 가서 자라고 했어요. 나폴레옹은 툴툴거리며 행운이 옆에 누웠지요. 나폴레옹이 조세핀과 사랑을 나누던 중 행운이가 나폴레옹의 발목을 콱 물었어요. 이 일로 나폴레옹의 발목에는 흉터가 남았습니다.

얼마 뒤 나폴레옹은 군대를 이끌고 이탈리아 원정을 떠났어요. 이듬해 조세핀과 행운이는 밀라노의 한 성으로 나폴레옹을 만나러 갔어요. 성 안의 정원에서 행운이는 요리사가 기르던 불도그를 만났어요. 사람뿐 아니라 다른 동물도 잘 물던 행운이는 불도그의 엉덩이를 물었어요. 그러자 불도그는 행운이의 머리를 물었지요. 그렇게 행운이는 세상과 이별했답니다.

몇 주 뒤, 조세핀을 위로하려고 누군가 조세핀에게 새로운 퍼그를 선물했어요. 물론 나폴레옹이 보낸 건 아니었어요. 그는 퍼그한테 질릴 대로 질려 있었으니까요. 요리사는 행운이의 안타까운 죽음에 사죄하며 다시는 정원에 개를 풀어놓지 않겠다고 했어요. 그러자 나폴레옹은 이렇게 말했지요. "풀어놔도 돼. 또 다른 놈을 없애는 데 도움이 될지도 모르지 않나."

👁 **메나주리**(menagerie)는 야생 동물을 잡아다 기르는 동물원 같은 곳이에요. 이 프랑스어 단어는 17세기에 이르러서야 사용되기 시작했지만, 높은 지위와 권력을 지닌 사람들은 고대 시대부터 야생 동물을 잡아다 수집했어요. 그것이 자기 힘을 보여 준다고 여겼거든요. 중세 시대에도 다른 지역의 동물을 기르는 것은 자신을 뽐내는 방법이었어요. 오랜 세월 동안 메나주리는 왕이나 귀족처럼 힘 있고 부유한 사람들만 가질 수 있었습니다.

메나주리는 오늘날의 동물원과 비슷하지만, 동물원과 다르게 초대받지 않은 사람이 들어갈 수 있는 곳은 아니었어요. 그러다가 돈 많은 자본가 계급이 생겨나면서 달라졌어요. 입장료를 내기만 하면 누구나 야생 동물을 구경할 수 있게 되었죠.

나폴레옹과 조세핀이 살던 집인 말메종 성은 파리 가까이에 있어요. 조세핀은 그곳 정원에 캥거루, 원숭이, 라마, 가젤 등을 기르는 메나주리를 만들었어요. 조세핀이 가장 아낀 동물은 오랑우탄이었어요. 오랑우탄에게 예쁜 옷을 입히고 포크와 나이프를 사용해 먹는 법도 가르쳤지요. 조세핀의 오랑우탄은 마음대로 집 안을 돌아다니며 손님들과 예의 바르게 악수를 나누기도 했답니다.

카카포 이야기

— 1820년, 뉴질랜드

웅— 웅— 웅—
"오 그대여, 어디 있나요? 그대와 나, 그리고 우리의 알이 쉴 둥지를 만들었어요. 와서 구경하지 않을래요? 부디 여기로 와 주세요."
아무런 대답이 없네. 나무들이 중얼거리고 비가 속삭이는 가운데 온통 웅웅거리는 소리뿐이군. 옆집에서도, 앞집에서도, 온 동네 수컷들이 모두 짝을 찾아 웅웅거리지만 그녀의 소리는 들리지 않는구나.
괜찮아. 언젠가는 오겠지. 나는 기다릴 수 있어. 작년에 둥지를 지었을 때도 조용했잖아.
짝을 만나려면 운이 좀 필요해. 우선 가까운 데 암컷이 있어야 하고, 리무나무도 꽃을 피워야 하지. 그리고 무엇보다 암컷이 마음을 내야 해. 그러지 않으면 오지 않는 거야. 당연한 거야.
나야 뭐, 그냥 1년 더 기다리면 돼. 조바심 낼 거 없어. 앞으로도 수십 년은 더 살 테니까.
엄마가 그러는데, 우리 집안의 어떤 할아버지는 백 살 가까이 사셨대. 엄마 쪽 할아버지는 아니고, 아빠 쪽 할아버지의 할아버지의 할아버지쯤 되는 분 얘기야. 아니, 그 위의 할아버지였던가?
어쨌든 아주 먼 옛날의 할아버지는 날 수 있으셨대. 긴꼬리뻐꾸기처럼 하늘을 나는 카카포라니! 상상이 되니? 대체 우리 할아버지는 왜 날았을까? 땅바닥에 지은 둥지에 들어가서 가끔 생각해. 땅바닥에 둥지를 지을 수 있는데, 왜 번거롭게 나무 위에 둥지를 짓지? 그렇게 하는 건 짜증나고 힘들 뿐이야. 뉴질랜드솔부엉이랑 붉은이마앵무가 집 지을 재료를 죄다 들고서 날아오르는 것 좀 봐. 보기만 해도 지친다, 지쳐. 여기 땅바닥만큼 좋은 데는 없어.
이제 다시 짝을 불러야겠다.

웅— 웅— 웅—
"들리나요. 여기 둥지 안은 아늑해요. 이리 와서 봐요. 여기에요, 여기."
빗소리만 들릴 뿐 아무런 응답이 없네. 숲은 때론 마구 흔들리고, 때론 소름 돋도록 으스스해. 나뭇가지 긁는 소리, 나무둥치 삐걱거리는 소리… 아무래도 오늘은 틀린 것 같아. 온통 부스럭거리는 소리뿐이야. 이런저런 작은 소리들, 새 소리, 폭포 소리… 어, 누구지? 무슨 소리가 들린 것 같은데…
내 반쪽일까?
내 짝은 어떤 모습일까? 아마 꽤 지친 모습일 거야. 우리의 울음소리는 꽤 멀리까지 퍼지니까. 아빠의 울음소리가 들렸을 때, 엄마는 무려 20킬로미터나 떨어진 곳에 있었대.
정말 멀지? 게다가 우리는 짧은 다리로 걸음 한 걸음 걸어야 해.
긴꼬리뻐꾸기는 우리가 걷는 모습을 보고 뒤뚱거린다고 놀려.
참 나, 제 칙칙한 갈색 몸뚱이나 어떻게 할 것이지 부리를 나불거리기는.
내 반쪽은 아주 아름다울 거야. 지쳐 있어도 우아하겠지. 나처럼 초록색과 노란색이 섞였겠지만, 좀 더 부드럽고, 곱고, 사랑스러울 거야.
이제 확실히 들려. 가까운 데 있는 것 같아.
"당신인가요? 나 여기에 있어요. 여기에요!"

웅— 웅— 웅—
어, 저건 뭐지? 덤불 속에 숨어서 나를 뚫어져라 쳐다보는 저것 말이야.
저 살랑거리는 꼬리하고는… 응? 살랑거리는 꼬리?
"뭐야, 내 반쪽이 아니잖아! 가, 저리 가, 이 이상한 녀석아. 여긴 내 둥지야. 내… 아야! 뭐 하는 거야? 아프잖아! 그만, 그만해! 그만하라고 했다! 아야, 아야! 하지 마!!!"

동물, 인간이 없애고 인간이 지키다

약 8000만 년 전, 초대륙 **곤드와나**에서 일부분이 떨어져 나와 오늘날의 뉴질랜드가 생겨났습니다. 두 개의 큰 섬과 여러 작은 섬들로 이루어진 뉴질랜드는 아주 오랫동안 새들의 보금자리였어요. 포유류는 딱 한 종, 박쥐뿐이었지요. 포유류 가운데 오직 박쥐에만 날개가 있어서 뉴질랜드까지 날아올 수 있었으니까요.
외딴섬인 뉴질랜드에는 새를 잡아먹는 천적이 없었어요. 그래서 뉴질랜드에 사는 새들은 땅 위에서 벌레를 잡아먹거나 과일을 주워 먹을 때 조심할 필요가 없었죠. 하늘로 날아 도망칠 일도 물론 없었고요. 시간이 흐르면서 뉴질랜드에 사는 적지 않은 새들이 나는 능력을 잃어버렸답니다. 자연에서는 필요 없는 능력은 점차 사라지기 마련이니까요.
그런 새 중 하나가 세계에서 가장 무거운 앵무새인 카카포예요. 카카포는 밤에만 돌아다니는 야행성 동물이고, 짝을 부를 때 낮고 깊게 웅웅거리는 소리를 내요. 한때 뉴질랜드 숲에는 수십만 마리의 카카포가 살았어요.
어떤 동물에게 천적이 없다면 그 동물의 수는 빠르게 늘어날 수 있지만, 자연은 균형을 맞추는 방법을 잘 알고 있어요. 예를 들어 카카포는 아주아주 천천히 번식한답니다. 암컷은 2년에서 4년에 딱 한 번, 리무나무 열매가 많이 열리는 해에만 짝짓기해요. 이 열매가 새끼들에게 먹일 중요한 음식이기 때문이에요. 그리고 한 번에 1~4개의 알을 낳아요.
이렇게 번식 속도가 느려도 750년 전까지는 괜찮았어요. 뉴질랜드에 찾아온 두 번째 포유류, 바로 폴리네시아에서 작은 배를 타고 찾아온 사람들이 터를 잡고 살기 전까지는 말이죠. 그 뒤를 이어 유럽 사람들이 개와 고양이, 쥐, 담비, 족제비 같은 포식 동물을 데리고 찾아왔어요. 인간과 포식 동물이 나타나자, 그동안 땅 위에서 안전하게 살던 새들은 하루아침에 목숨을 지키려고 도망치는 신세가 되었어요. 그렇지만 카카포는 도망치지 않았어요. '위험'이란 것이 무엇인지 알지도 못했으니까요.
자연이 카카포의 순진함을 조금 덜어 내고 싸움닭 같은 성질을 심어 주었더라면, 카카포가 좀 더 잘 살아남았을 거예요. 그렇지만 그런 변화는 아주 느리게 일어나고, 천적들은 하룻밤 사이에 들이닥쳤죠. 자연에 모든 걸 맡겼다면, 카카포는 진화할 틈도 없이 벌써 멸종하고 말았을 거예요.
다행히 뉴질랜드 정부에서 보존 노력을 한 덕분에 카카포는 오늘날까지 살아남을 수 있었어요. 40년 전쯤, 살아남은 아주 적은 수의 카카포들을 천적이 전혀 없는 외딴섬 몇 곳으로 옮겼어요. 그곳에서 새 보호 전문가들이 카카포의 수를 철저하게 관리하고 있지요. 지금 살아 있는 카카포는 200마리 남짓이에요.

약 2억 5000만 년 전, 세상은 '판게아'라는 하나의 초대륙으로 이루어져 있었어요. 이 거대한 땅덩어리는 나중에 두 개로 나뉘어서 북반구의 로라시아와 남반구의 **곤드와나**로 자리 잡았어요. 시간이 흐르면서 이 두 초대륙도 여러 개의 작은 대륙들로 나뉘었어요.
곤드와나는 아프리카, 인도, 마다가스카르, 남아메리카, 남극 대륙, 오스트레일리아, 뉴질랜드로 나뉘었고, 곳곳마다 자연이 제각각으로 펼쳐졌어요. 특히 다른 대륙과 이어지지 않은 마다가스카르, 오스트레일리아, 뉴질랜드에서는 다른 어디서도 볼 수 없는 동식물들이 나타나기 시작했죠. 인간이 바다를 항해하기 시작하면서, 이곳들의 생태계 균형이 얼마나 쉽게 파괴되는지 드러났어요. 모험을 좋아하는 뱃사람들은 온갖 질병과 천적들을 데려왔고, 이곳에만 있던 수많은 동식물은 달라진 상황에 적응할 새도 없이 멸종하고 말았습니다.

콰가 이야기

— 1850년, 남아프리카

몸뚱이가 전부 줄무늬로 뒤덮인 동물 본 적 있지? 앞에도 줄무늬, 뒤에도 줄무늬… 온몸이 그렇게 생긴 애들 말이야.
아름다움이란 그런 게 아니야. "적을수록 특별하다." 이런 말 들어 봤지? 얼룩말이 떼를 지어 돌아다니면 거대한 흑백 덩어리가 움직이는 것처럼 보여. 달리는 소리는 천둥처럼 요란하게 울리지. 우리는 달라. 몸의 뒷부분은 전부 갈색이고, 달리는 소리는 더 부드럽지. 그리고 수가 많다는 건 흔하다는 뜻이잖아. 당연히 수가 적을수록 더 특별한 거야.
얼룩말들이 내 말을 어떻게 생각할지 모르겠다. 같은 태양 아래에서 지내기는 해도 얼룩말과 우리 콰가는 서로 어울리지 않거든. 얼룩말은 높은 데서 풀을 뜯고, 우리는 낮은 데서 풀을 뜯지. 그러니 서로 싸울 일도, 부딪힐 일도 없어.
그런데 요즘 시끄러운 일이 생겼어. 얼룩말들 때문이 아니라 들판에 새로이 나타난 어떤 놈들 때문이야. 생김새는 개코원숭이를 닮았는데 하는 짓은 완전히 달라. 그놈들은 말을 타고 달려. 우리를 탔다면 죄다 땅바닥에 나동그라져서 흙이나 씹고 있었을 그놈들은, 우리보고 멍청한 당나귀라고 부르며 올가미를 씌워 잡으려고 했어. 할 수 있으면 해 보지. 그런 건 말에게나 먹히지 우리에게는 어림도 없거든. 놈들이 탄 말은 우리보다 덩치가 크지만, 들판은 우리가 더 잘 알고 더 잘 달려. 그리고 우리는 더위에도 끄떡없지.
우리를 떨게 만드는 건 놈들이 들고 있는 천둥 막대기야. 그 막대기는 우리가 달리는 소리보다 훨씬 큰 소리를 내. 아마 얼룩말이 달리는 소리보다도 클 거야. 그 소리가 언덕과 언덕 사이에서 쾅 하고 울리면 우리 중 하나가 꼭 쓰러져. 그렇게 쓰러져서 다시는 일어나지 못해. 너무나도 절망스럽지.
사실 놈들을 처음 본 건 아니야. 예전에도 가끔 마주치고는 했어. 다른 점이 있다면, 예전부터 있던 놈들은 갈색이고, 새로 나타난 놈들은 옅은 분홍색이라는 것. 또 새로 나타난 놈들이 훨씬 공격적이야. 예전 놈들도 가끔 우리를 죽였지만, 우리도 놈들을 죽이고는 했지. 바위처럼 단단한 발굽과 한번 물면 절대로 놓아 주지 않는 이빨로 말이야. 필요하면 들개나 하이에나도 공격하는 우리가 놈들이라고 가만뒀겠어? 하지만 이제는 천둥 막대기 때문에 도무지 상대가 되지 않아.
지난번에 놈들이 우리를 쓰러뜨린 다음 무슨 짓을 하는지 아주 멀리 떨어져서 지켜보았어. 놈들은 죽은 내 친구를 나무 막대에 걸어 놓았지. 그런데 친구는 겉가죽만 남고 속이 다 사라져서 빈 자루처럼 보였어. 아주 충격적인 장면이었어. 친구의 겉가죽은 태양빛 아래 축 늘어져 있고, 파리들이 들끓고, 썩은 내가 진동하고… 놈들은 우리 가죽으로 무엇을 하려는 걸까? 우리가 얼룩말보다 아름답다고 생각한 걸까? 놈들이 노리는 건 우리의 아름다움일까? 그런 거라면, 놈들이야말로 세상에 둘도 없는 바보야. 우리를 아무리 많이 쓰러뜨린다고 해도, 우리의 아름다움은 결코 손에 넣지 못할 테니까. 시간이 지나면 우리의 가죽은 빛을 잃고 부스러져 버릴 테니까. 가죽으로만 남은 콰가는 아무것도 아니야. 색 바랜 줄무늬와 흐릿한 갈색 얼룩일 뿐이지.

동물, 인간의 재미를 위해 사라지다

콰가는 남아프리카의 반사막 지역인 카루 초원에 살던 평원얼룩말(높은 곳에 사는 산악얼룩말도 있음)의 한 종류예요. 콰가는 다른 얼룩말들과 달리 몸의 앞부분에만 줄무늬가 있고, 뒷부분은 적갈색 털로 덮여 있어요. 꼬리가 당나귀 꼬리와 닮아서 '아프리카 당나귀'라는 별명으로 불리기도 했습니다.

카루 초원의 원주민들은 고기를 얻기 위해 창으로 콰가를 사냥했지만 콰가가 멸종할 정도로 많이 죽이지는 않았어요. 그런데 17세기에 유럽 사람들이 남아프리카로 건너오면서 위기가 시작되었죠. 네덜란드에서 온 이들('보어인'이라고 불림)은 사냥을 정말 좋아했어요. 가축 기를 땅과 가죽을 얻기 위해서, 또 재미 삼아 총으로 콰가를 사냥했어요.

이들은 모든 얼룩말을 콰가라고 불렀어요. 그래서 진짜 콰가가 점점 사라지고 있다는 것을 아무도 눈치채지 못했죠. 1873년 야생에 살던 마지막 콰가가 총에 맞아 죽었을 때도, 그 사실을 아무도 몰랐어요. 한편 유럽의 동물원에는 암콰가 세 마리가 살아 있었어요. 하지만 1883년 8월 12일, 네덜란드 암스테르담 아르티스 동물원에서 마지막 암콰가가 숨을 거두었죠. 그때도 콰가가 멸종했다는 사실을 아무도 몰랐어요. 몇 년이 지나서야 사람들은 콰가가 지구에서 완전히 사라졌다는 것을 깨달았답니다.

박제로 남은 마지막 콰가는 네덜란드 라이덴 생물다양성센터의 깊고 어두운 창고에 보관되어 있어요. 적갈색 털은 가늘어질 대로 가늘어지고 흐릿한 갈색으로 변했으며, 꼬리는 털이 듬성듬성해졌고, 코에는 털이 벗겨진 데도 있어요. 이제는 빛을 조금만 쐬어도 부스러질 지경이라 전시는 꿈도 꾸지 못하죠.

콰가가 멸종하고 100여 년이 지난 뒤, 한 과학자가 독일의 박물관에 보관된 콰가 박제에 남아 있던 피부 조직에서 DNA를 찾아냈어요. 이로써 콰가는 멸종한 동물 중에서 최초로 DNA가 발견된 동물이 되었어요! 어쩌면 콰가는 유전자 **복제**를 통해 되살아날지도 몰라요. 만약 그 일에 성공한다면 멸종한 다른 동물들도 되살릴 수 있지 않을까요? 어쩌면 매머드나 티라노사우루스가 들판을 돌아다니는 날이 올지도 모르겠습니다.

미국 작가 마이클 크라이튼은 콰가 복원 계획 소식을 읽고, 거기서 아이디어를 얻어 책을 썼어요. 그리고 책을 바탕으로 영화 <쥬라기 공원>이 만들어졌답니다. 콰가 덕분에 세상에서 가장 유명한 공룡 영화가 탄생한 셈이지요.

생명 **복제**란 살아 있는 생명체와 똑같은 복제 생명체를 만드는 기술이에요. 콰가처럼 멸종한 생명체를 복제하는 것도 생명 복제이지요.

콰가 DNA를 발견한 사람은 독일 과학자 라인홀트 라우예요. 라우는 콰가가 멸종한 건 사람 탓이라면서 이제 그 잘못을 사람 손으로 바로잡아야 할 때라고 말했어요. 1987년 라우는 '콰가 복원 계획'을 시작했어요. 콰가가 평원얼룩말의 한 종류이므로, 몸 뒷부분에 줄무늬가 적은 평원얼룩말 아홉 마리를 골라서 번식시키기 시작한 거예요. 평원얼룩말의 DNA 어딘가에 콰가 유전자가 남아 있을 거라고 믿고서, 계속 번식시키다 보면 언젠가 진짜 콰가가 태어날 거라고 생각했지요. 이윽고 2013년 콰가처럼 몸 뒷부분에 얼룩무늬가 없는 5세대 평원얼룩말이 태어났어요. 현재 아프리카 들판에서 풀을 뜯고 있는 이 동물들은 '라우-콰가'라고 불려요. 그렇지만 적갈색 털은 아직 돌아오지 않았답니다.

많은 과학자들은 이 계획에 의심을 품고 있어요. 그들은 똑같이 평원얼룩말이더라도 지금 살아 있는 평원얼룩말과 콰가 사이에는 지울 수 없는 차이가 있다고 말합니다. 예를 들어 네덜란드 암스테르담 동물학박물관장은 이렇게 말했어요. "나폴레옹과 겉모습이 닮은 사람이 있다고 해서 그가 나폴레옹은 아니지 않습니까."

진짜 콰가를 보고 싶나요? 그렇다면 남아프리카공화국 케이프타운에 있는 이지코남아프리카박물관을 방문해 보세요. 그곳에 새끼 콰가 박제가 전시되어 있답니다.

캥거루와 토끼 이야기

— 1859년, 오스트레일리아

캥거루 이야기

어머, 저 쪼끄만 동물 좀 봐.
어디서 갑자기 나타난 거지? 나무에서 내려온 것 같지는 않은데. 일단 코알라는 아니야. 털은 복슬복슬하고 회갈색이지만, 코알라처럼 우스꽝스러운 단추 코는 없으니까. 그런데 저 귀는 대체 뭐야? 왜 저렇게 길고 똑바로 서 있지? 솔직히 내 귀랑 많이 닮기는 했는데, 작은 몸집에 어울리지 않게 너무 커 보여.
어라, 쟤 지금 뭐 하는 거지? 아… 깡충깡충 뛰는 거네. 하하, 너무 귀여워. 그런데 앞다리까지 쓰다니 너무 어설프잖아. 뛸 때는 뒷다리만 쓰면 되는데 말이야. 잘 봐. 꼬리로 균형을 잡고 뒷다리에 힘을 주어 나처럼 이렇게 뛰는 거야, 껑충껑충. 가까이 가니 좀 더 잘 보인다. 이런, 나처럼 꼬리를 쓸 수는 없겠네. 엄청 짧고 복슬복슬한 게 꼭 딩고가 잘라 먹고 조금만 남겨놓은 것 같아. 아이, 불쌍해라. 균형 잡기 어렵겠어.
저 짧은 다리로 깡충깡충 뛰는 모습 좀 봐. 왼쪽으로, 오른쪽으로, 다시 왼쪽으로, 오른쪽으로… 진짜 어설프게 뛰는구나. 곧 주머니에서 나올 내 아이도 쟤보다는 잘하겠다.
세상에, 이게 다 뭐람? 덤불 뒤에도, 저기에도, 또 저기에도 있잖아! 길을 잃어서 여기에 처음 나타난 건가? 저렇게 많은데 그동안 내가 놓치고 못 봤을 리가 없잖아. 내 눈과 귀는 아무것도 놓치지 않으니까. 나는 코알라가 자면서 한숨 쉬는 소리까지 들을 수 있다고.
쟤들도 양처럼 여기에서 살 생각인가? 그럴지도 모르지만 괜찮아. 저렇게 작고 어설픈데 뭐 어때. 여긴 땅이 넓으니 뛰어놀게 놔두면 되지. 내게 무슨 영향이라도 주겠어?

토끼 이야기

와, 진짜 크다!
깡충깡충. 위험할지 모르니 조금 떨어져 있자. 음… 위험해 보이지는 않네. 눈이 정말 순하게 생겼어. 여우처럼 간사하게 바라보는 눈이 아니야. 귀는 내 거랑 닮았는걸. 엄청나게 커다랗기는 하지만. 저 동물은 뭐든 다 큼지막하네. 발도, 몸뚱이도….
어, 지금 뭐 하는 거지? 뛰는 거로구나! 세상에 두 다리로 뛰다니! 어떻게 저렇게 할 수 있지? 나도 저렇게 될 수 있으면 좋겠다. 이야, 정말 재빠르다. 저 멀리서 여기까지 단숨에 왔잖아! 그런데 꼬리는 왜 저렇게 길까? 불편하지 않을까?
깡충깡충. 와, 이 풀 참 맛있고 많기도 많네. 눈길 닿는 곳마다 저 멀리까지 온통 풀이야. 바닥의 흙도 너무 딱딱하지도, 너무 푹신하지도 않게 딱 좋아. 이따가 여기에다 멋진 굴을 하나 파야겠다. 저 커다란 동물도 굴속에서 살까? 그렇다면 엄청나게 커다란 굴이겠지?
어머! 저 배에서 무언가 꼼지락거리고 있어? 토끼인가? 아, 새끼로구나! 얘들아, 모두 이리 와서 좀 봐. 저 동물이 지금 새끼를 낳고 있어. 이런, 새끼가 나오다가 중간에 꼈네. 아주머니, 조금만 더 힘을 줘서 밀어 내요! 조금만 더! 이제 조금만 더 힘주면 나올 거예요! 음, 이상한데? 새끼가 이미 눈을 뜨고 있잖아! 그리고 기어 있는 것도 아닌가 봐. 행복한 표정을 짓고 있는 걸 보면.
여기는 정말 이상하고 재밌는 곳이야. 커다란 동물이 새끼를 주머니에 품고 다니지를 않나, 맛있는 풀이 끝도 없이 펼쳐져 있지를 않나. 저쪽은 어떨까? 얘들아, 함께 가 보자. 나, 이곳이 정말정말 마음에 들어!

동물, 사람이 불러온 재앙이 되다

1788년 오스트레일리아에 발을 디딘 영국 사람들은 땅에 깃발을 꽂으며 이렇게 선언했어요. "이 땅은 우리의 것이다." 그들이 타고 온 배에는 원주민들에게 자신들이 얼마나 진지한지 보여 주기 위한 도구인 총이 실려 있었어요. 그리고 양과 토끼도 함께 타고 있었죠. 두 동물 중 하나는 오스트레일리아에 엄청난 부를 가져다주었어요. 순식간에 세계에서 양털을 가장 많이 생산하는 나라가 되었거든요. 그렇지만 다른 하나는 재앙을 불러왔어요. 그 일은 금방 일어나지 않았어요. 처음에 사람들은 토끼를 우리에 가둬 기르면서 도축할 때만 꺼냈거든요. 변화는 1859년 크리스마스 아침에 시작했어요. 사냥을 매우 좋아한 토머스 오스틴이라는 영국 사람이 자신의 넓은 땅에 토끼 스물네 마리를 풀어놓은 거예요. 토끼가 번식해서 수가 늘면 자기 땅에서 즐겁게 사냥할 수 있을 거라고 꿈꾸면서 말이죠.

실제로 오스틴은 토끼 사냥을 할 수 있었어요. 그렇지만 그의 상상과는 완전히 다른 현실이 펼쳐졌지요. 오스트레일리아의 자연은 토끼가 살기에 딱 맞았어요. 풀밭은 끝도 없이 넓었고, 흙은 보드라웠으며, 토끼를 잡아먹는 동물도 없었죠. 여우 한 마리 살지 않았으니까요. 덕분에 토끼 수는 눈덩이 불어나듯 늘었어요. 암토끼는 1년에 네 번 새끼를 낳을 수 있고, 한 번에 다섯 마리까지 낳기도 해요. 그렇게 50년쯤 지나자, 오스트레일리아의 토끼 수는 수억 마리를 넘어섰어요. 수많은 토끼가 들판을 뒤덮고서 풀을 모조리 뜯어 먹었어요. 양도 풀을 먹고 자라는데 말이죠. 양을 기르던 사람들에게 토끼는 크나큰 고민거리가 되었고, 오스틴은 자신이 한 행동을 평생 후회했어요. 사람들은 토끼 수를 줄이려고 온갖 노력을 기울였어요. 유럽에서 여우를 들여오고, 독을 뿌리고, 힘을 다해 토끼를 사냥했어요. 그리고 수천 년 전부터 오스트레일리아에서 살아온 딩고(야생 들개)도 토끼를 먹이로 알고 사냥에 힘을 보탰지요.

이런 노력이 효과를 거두었을까요? 토끼 수가 조금은 줄었을 테지만 별 효과는 없었어요. 마음이 급해진 사람들은 1901년에서 1907년 사이에 오스트레일리아 대륙을 가로지르는 울타리를 쳤어요. 길이가 무려 3256킬로미터에 이르는 엄청난 울타리였지요. 울타리는 꽤 튼튼했어요. 그렇지만 한 발 늦은 행동이었죠. 토끼는 이미 온 대륙에 퍼져 있었으니까요.

1953년 오스트레일리아 정부는 극단적인 방법을 썼어요. 토끼를 모조리 죽이기 위해 **점액종** 바이러스를 퍼뜨린 거예요. 이 바이러스는 사람에게는 해롭지 않지만, 토끼에게는 전염성이 매우 강하고 죽음까지 불러오죠. 이 조치는 성공을 거둔 것처럼 보였어요. 바이러스가 온 나라에 퍼져서 6억 마리였던 토끼 수가 2년 만에 1억 마리로 줄었거든요. 믿기 힘들 만큼 엄청난 수의 토끼가 죽은 거예요. 하지만 살아남은 토끼들은 면역력이 생겨서 바이러스를 견딜 수 있게 되었어요.

지금 오스트레일리아에는 2억 마리가 넘는 토끼가 살고 있어요. 여전히 큰 골칫거리죠. 정부에서 새로운 바이러스를 퍼뜨려 보았지만, 토끼들은 또 다시 면역력을 길러 견뎌냈어요. 이제 오스트레일리아 사람들은 양을 키울 풀밭이 줄어드는 것을 걱정할 뿐 아니라, 유럽에서 온 이 복슬복슬한 침입자들에게 먹이를 빼앗겨 토종 동물들이 사라지지는 않을까 하고 애를 태우고 있답니다.

덧붙임: 캥거루는 유럽 사람들이 데려온 또 다른 동물인 양 때문에 고통을 겪고 있어요. 양을 기르는 농부들 눈에는 풀을 먹는 캥거루가 해로운 동물로 보일 테니까요. 그래서 해마다 300만 마리가 넘는 캥거루가 사람 손에 죽고 있어요.

👁 **점액종**은 점액종 바이러스 때문에 발생하는 질병이며, 모기를 통해 전염돼요. 이 병에 걸린 토끼는 염증이 생겨 코와 눈이 빨개지고, 숨소리도 거칠어지고, 방향 감각이 흐려져 나무나 풀에 잘 부딪히죠. 점액종 바이러스를 오스트레일리아에 퍼뜨린 조치는 한 지역에서 한 동물을 콕 집어 없애기 위해 바이러스를 널리 사용한 최초의 일입니다.

비둘기 이야기

— 1916년, 벨기에

바람 한 줄기 불지 않는 어느 아침, 나는 새장에 앉아 구구거리며 멍하니 있었어. 그때 문이 열리며 어느 병사의 두 손이 나를 향해 뻗어 왔어. 두렵지는 않았어. 손길이 부드러웠거든. 병사는 나를 꺼내서 바깥으로 데리고 나왔어. 그런 다음 내 다리에 작은 통 하나를 묶어 달았지. 난 얌전하게 굴었어. 그래야 얼른 날개를 펼 수 있으니까.

병사는 나를 다시 들어 올린 다음 위로 휙 던지듯 날렸어. 드디어 자유! 나는 병사의 머리 위에서 빙글빙글 원을 그리며 세 바퀴를 돌았어. 내가 몸을 푸는 방법이지. 내 코는 내가 가야 할 곳을 가리켰어. 집으로 가는 방향을.

불에 그을린 땅을 가로질러 날아가는 총알처럼, 나는 하늘로 솟구쳤어. 아래로 보이는 세상이 점점 작아지고, 내 날개는 머릿속에서 일정하게 맴도는 한 마디 말에 맞춰 퍼덕였지. '집으로, 집으로, 집으로…'.

살다 보면 좋은 날도 있고 나쁜 날도 있어. 어떤 날에는 총알이 슈욱 하고 내 곁을 스쳐 지나가기도 하지. 운이 나빴던 어느 날, 나는 총알에 맞을 뻔했어. 날갯짓이 조금만 더 빨랐더라면 총알이 나를 뚫고 지나갔을 거야. 다행히 총알은 내 가슴팍을 스쳐 지나갔고, 수의사가 치료해 준 덕분에 두 주쯤 지나서 다시 날 수 있었어. 어쩌면 그 날은, 좋은 날이었는지도 몰라.

오늘은 좋은 날일까? 내 아래로 부서지고 메마른 풍경이 펼쳐져 있어. 한때 푸르렀던 곳은 모두 갈색으로 변했고, 한때 기름졌던 땅에는 커다란 구멍이 나 있어. 당당히 서 있던 모든 것이 산산이 부서졌지. 병사들이 기어가는 모습도 보여. 도랑처럼 파 낸 뒤 가시철조망으로 둘레를 친 참호 속에서 메마른 땅처럼 텅 빈 눈빛을 한 병사들이. 그들 마음속에서 무언가가 부서져 버린 것만 같아.

병사들은 진흙을 닮은 회색빛 헬멧을 쓰고 있어. 이 세상은 색을 잃어버린 것 같아. 옷도, 무기도, 식량도, 심지어 쥐들까지 온통 회색이야. 물론 쥐들은 색깔 같은 건 신경 쓰지 않겠지. 개네들은 진흙처럼 무엇이든, 나까지도 집어삼킬 기회만 노리니까. 하지만 그럴 수 없을걸. 병사들이 나를 제 몸처럼 보호해 주니까. 병사들은 가끔 방독면을 얼굴에 쓰는데, 그럴 때면 나를 작은 상자 안에 넣어 줘. 얼마나 고마운지 몰라. 총알보다 무서운 건 참호 안으로 갑자기 스며드는 독가스거든.
이 높은 하늘에서는 총알이나 독가스로부터 안전해. 그렇다고 마음을 놓을 수는 없어.
독수리나 매가 언제 달려들지 모르니까. 개네들은 폭격기처럼 공중을 순식간에 가로지르지.
발톱에 한번 걸리면 그대로 끝장이야.
나는 오늘도 이렇게 살아 있어. 내일도 그럴 거야. 내 날개는 튼튼하고, 코는 정확하니까.
이제 거의 다 왔어. 깨끗한 물과 쉴 곳이 나를 기다리고 있겠지? 내가 내려앉으면 종이 울리고, 병사가 다가와 내 다리에 달린 작은 통을 떼어 갈 거야. 그들은 기쁜 소식을 받아들까, 아니면 크나큰 혼란과 맞닥뜨릴까?
속도를 좀 더 내야겠어. 몇 번만 더 날갯짓을 하면 돼.
새장이 보인다.
총알, 독가스, 매와 독수리는 보이지 않아.
오늘은 좋은 날이야.

동물, 은밀히 메시지를 전달하다

역사상 비둘기만큼 구조 임무를 많이 해낸 동물은 없어요. 고대 시대부터 사람들은 이 작은 새의 뛰어난 길 찾기 능력을 알고 있었죠. 아무리 멀리 떨어진 곳에서 날려 보내도 비둘기는 완벽한 방향 감각을 발휘해 집으로 돌아왔답니다. 게다가 최고 비행 속도가 시속 100킬로미터를 넘을 만큼 빨랐어요. 전령의 임무, 그러니까 소식을 전하는 일에 비둘기만 한 새가 없었죠. 비둘기는 말을 타거나, 걷거나, 뛰어서 사람이 직접 전달하는 것보다 훨씬 빠르고 안전하게 소식을 날랐어요. 평화로운 시절에도 활약했지만, 전쟁 중에는 비둘기가 전하는 편지 한 통이 사람들의 삶과 죽음을 가르기도 했습니다.

제1차 세계대전(1914~1918년) 동안 수많은 비둘기가 전령 역할을 했어요. 그때는 전쟁터에서 먼 곳에 메시지를 전할 때 야전 전화기나 무선 전신기를 썼어요. 하지만 폭탄과 총알이 빗발치는 전쟁터에서 그런 장비들은 제대로 작동하지 않기도 했어요. 그럴 때 비둘기가 훨씬 더 믿을 만했죠. 비둘기 콧속에 있는 보이지 않는 GPS는 결코 방향을 잃지 않았으니까요.

군인들은 탱크나 비행기, **참호**, 군함, 심지어 잠수정에까지 비둘기를 데리고 다녔어요. 중요한 편지를 작은 통에 담아 비둘기 다리에 매달아서 날리면, 비둘기는 곧장 집으로 가는 위험한 여행을 시작했지요. 그 길엔 비둘기를 노리는 적군의 총알이 날아다녔어요. 참호 안에 퍼진 독가스는 수많은 비둘기의 목숨을 앗아갔지요. 심지어 공중에서는 특별 훈련을 받은 독수리와 매가 비둘기를 공격했어요. 이 모든 위험에도 불구하고, 하늘을 나는 배달부 비둘기는 신호가 잘 안 잡히는 야전 전화기보다 더 많이 활약했답니다. 1914년에서 1918년 사이에 비둘기 수십만 마리가 전령 역할을 했어요. 독일군은 비둘기가 적군에게 쓰이지 못하도록 전령 비둘기('전서구'라고 함)를 보이는 대로 모조리 잡아들였어요. 또 비둘기를 몰래 기르다가 들키면 사형을 당할 수도 있었답니다. 오늘날 벨기에 브뤼셀에는 전령 비둘기들을 기리는 기념 동상이 있어요. 전쟁이라는 소용돌이 속에서 묵묵히 임무를 수행하다가 목숨을 잃은 용감한 하늘의 배달부들을 기억하는 장소랍니다.

👁 제1차 세계대전에서는 **참호**에서 치열한 전투가 많이 벌어졌어요. 참호란 병사들이 총알과 포탄을 피해 숨거나 쉴 수 있도록 만든 도랑 형태의 시설이에요. 벨기에와 프랑스에 걸쳐 있던 서부 전선에는 참호가 그물처럼 설치되어 있었죠.
사람들은 처음에 전쟁이 몇 달 안에 끝나리라고 예상했어요. 하지만 전쟁은 좀체 끝나지 않았고, 독일군과 연합군은 참호에 갇혀 오도 가도 못한 채 몇 년 동안 싸웠어요. 수백 미터 앞으로 나아갔다가 다시 물러나기를 되풀이하며, 병사 수십만 명이 목숨을 잃었습니다.
병사들은 가까운 참호로 메시지 전할 때는 개를 보내고, 멀리 소식을 전할 때는 비둘기를 보냈어요. 비둘기는 수송차를 타고 군인들과 함께 먼 거리를 이동하기도 했어요. 1915년 독일군이 처음으로 염소 가스를 뿌렸을 때, 수많은 병사가 질식해 숨졌어요. 그 뒤로 병사들에게 방독면이 지급되었고, 독가스로부터 비둘기를 보호하기 위한 특수한 상자도 쓰이기 시작했습니다.

닭 ▶

닭 이야기

— 1923년, 북아메리카

정말이야. 우리는 모두 함께 이곳으로 왔어. 그렇게 많은 병아리가 한꺼번에 움직인 건 태어나서 처음이었어. 나는 닭이고, 닭은 원래 친구들이랑 함께 있는 걸 좋아해. 닭장에 혼자 있으면 신경이 예민해지고 불안해지지. 우리는 친구들 곁에 있어야 하고, 가끔은 멋진 수탉도 만나고 싶어져. 그래야 마음이 놓이고, 예쁜 알도 낳을 수 있으니까.

그런데 그날, 트럭이 온 뒤로 내 머릿속은 온통 뒤죽박죽되어 버렸어. 셀 수 없이 많은 병아리들에게 둘러싸여 우르르 움직이다 보니 정신이 나가 버렸지. 그때 나는 아직 병아리였어. 솜털이 채 가시지 않은 어린 병아리였어. 다른 애들도 다 또래였고. 사람들은 무슨 일이 벌어지는지 알고 있었겠지? 하지만 우리는 두려워서 어찌할 줄 몰랐어.

닭들은 규칙적인 생활을 좋아해. 정해진 시간에 일어나 밥 먹고, 해가 지면 횃대에 올라가 잠드는 그런 생활 말이야. 그 규칙이 그날 산산이 깨져 버렸어. 어둡고 무서운 트럭을 타고 이동하던 바로 그날에. 그때까지 내가 알던 세상은 태어난 닭장, 뛰놀던 마당, 농부가 소리를 지르며 우리를 쫓아내곤 하던 상추밭이 다였지. 넓지는 않았지만 살아가기에 딱 좋은 세상이었어. 하지만 그 트럭이 온 날, 그 세상은 영원히 사라지고 말았어.

트럭을 타고 얼마나 달렸을까? 트럭 안으로 햇빛이 들지 않아 시간 감각을 잃은 탓에 하나도 모르겠어. 아무튼 한참을 달리던 트럭이 어딘가에 멈추었어. 그곳에서 실리어 스틸이라는 여자가 우리를 기다리고 있었나 봐. 트럭 운전사가 "실리어 스틸 씨죠? 여기에 서명 부탁드립니다." 하더라고. 조금 뒤 스틸이 놀란 듯 말했어. "500마리요? 저는 50마리를 주문했는데요?" 트럭 안쪽만큼이나 바깥쪽도 혼란스러웠던 것 같아. 사람들도 가끔 틀릴 때가 있는가 보지? 운전사와 스틸이 무슨 얘기를 주고받았는지는 모르지만, 어쨌든 우리는 모두 트럭에서 내렸어.

그때부터 내 삶은 완전히 달라졌어. 스틸의 앞마당을 볼 일도, 깃털에 내리쬐는 햇빛도, 이리저리 기웃거리며 노니는 일도 더는 없었지. 처음에는 검은색과 하얀색 줄무늬가 그려진 상자에서 살았어. 왜 그런 데서 살았는지는 몰라. 그다음에는 헛간으로 이사를 갔어. 비좁기는 했지만 잘 먹기는 했지. 우리는 어린 상추처럼 쑥쑥 자랐어. 이제는 엄마보다 더 커진 것도 같아. 하지만 기억 속 엄마 모습이 흐릿해져서 정말 그런지는 모르겠어.

헛간에서 살게 된 뒤로는 더 이상 혼란스럽지 않아. 병아리 시절은 끝났고, 우린 모두 어엿한 어른 닭이 되었지. 새로운 하루 일과도 생겼고. 가끔 예전 기억이 떠오르기도 해. 햇빛, 마당, 상추밭… 지금 내 삶은 그때보다 훨씬 단순해졌어.

그런데 요즘 들어 깃털 아래에서 불안감이 스멀스멀 올라오는 게 느껴져. 왜 그런지는 나도 몰라. 그냥 뭔가 새로운 일이 일어날 것만 같은 느낌이 들어.

동물, 대량으로 생산되다

100년 전쯤, 미국 사람들은 달걀을 얻으려고 닭을 길렀어요. 닭이 더 이상 알을 낳지 못하면 잡아먹기도 했지만, 닭을 고기로 먹는다는 생각은 별로 하지 않았어요. 변화는 미국 동부 바닷가에 살던 실리어 스틸이라는 여성이, 주문한 50마리가 아니라 무려 500마리의 병아리를 받으면서 시작했습니다. 스틸은 병아리를 돌려보내지 않았어요. 전해지는 이야기에 따르면, 커다란 헛간을 지을 때까지 피아노를 운반할 때 쓰는 커다란 상자에 병아리들을 넣어 길렀다고 해요. 스틸은 병아리를 길러 고기로 팔아야겠다고 결심하고, 비타민을 섞은 곡식을 사료로 주었어요. 그랬더니 병아리들이 더 빠르게 자랐죠. 다 자란 병아리를 식당에 팔겠다는 스틸의 계획은 큰 성공을 거두었어요. 스틸은 병아리 1000마리를 새로 주문했어요. 3년 뒤, 스틸이 기르는 닭은 1만 마리로 늘었습니다. 1923년에 스틸이 실수로 배송된 병아리들로 벌인 사업이 오늘날 **공장식 축산**의 시작이에요. 스틸은 값싸고 빠르고 대량으로 닭고기를 생산하는 방법을 개발했어요. 덕분에 미국 사람들이 닭고기를 많이 먹기 시작했죠. 그로부터 100년 남짓 지난 오늘 날, 고기를 얻기 위해 해마다 도축되는 닭의 수는 미국에서만 약 95억 마리, 전 세계에서는 약 750억 마리나 돼요. 이렇게 닭은 지구에서 가장 흔한 새가 되었습니다.

◉ **공장식 축산**은 되도록 많은 동물을 가장 효율적으로 길러 인간이 소비할 수 있도록 해요. 목표로 잡은 몸무게에 가장 빠르게 다다를 수 있도록 먹이부터 생활 공간, 하루 일과까지 꼼꼼하게 관리하죠. 실리어 스틸이 기른 병아리들은 몸무게가 1킬로그램이 될 때까지 18주가 걸렸어요. 하지만 오늘날에는 단 7주 만에 그 두 배가 넘는 몸무게에 이른답니다. 이런 닭을 '육계'라고 해요. 육계는 너무나 빨리 자라는 바람에 다리가 몸무게를 이기지 못해 제대로 서지 못하기도 합니다. 닭뿐 아니라 소, 돼지, 칠면조, 양, 염소 같은 동물도 공장식 축산으로 길러집니다. 동물들은 거대한 농장에서 살지만, 한 마리가 지내는 공간은 너무나 비좁아요. 그리고 대부분 평생 한 번도 바깥 공기를 쐬지 못하죠. 공장식 축산에 찬성하는 사람들은 공장식 축산 덕분에 누구나 고기를 값싸게 먹을 수 있게 되었다고 말해요. 이와 달리 반대하는 사람들은 "우리에겐 그렇게 많은 고기가 필요하지 않다."라고 말하면서, 공장식 축산이 사람들을 먹이기 위해 있는 게 아니라 축산업자들의 부를 늘리기 위해 있는 거라고 주장합니다. 또 산림 파괴(사료로 쓸 곡물을 얻기 위해 숲을 밭으로 바꿈), 환경 오염, 기후 변화(가축의 배설물, 트림, 방귀에서 배출되는 온실가스가 자동차, 기차, 배, 비행기에서 나오는 온실가스보다 많음)와 같이 좋지 않은 결과를 불러온다고도 말하죠. 여기에 더해 공장식 축산에서 일하는 사람들의 나쁜 근무 환경, 엄청난 규모의 동물 학대 문제도 비판하고 있어요.

고양이 1편: 깜장이 이야기
— 1942년, 네덜란드

이랬던가?
사람들이 옷을 두껍게 입고 떠났어. 그리 덥지 않고 종일 비가 내린 여름날이기는 했지만,
그래도 너무 두껍게 입었어. 그 애가 옷을 입을 때 나도 방에 함께 있었어. 속옷 두 벌, 바지 세 벌,
원피스 한 벌, 그 위에 다시 치마까지… 내가 머리를 대고 비비려 하자, 그 애는 나를 밀어내며
서둘러야 한다고 말했어. 마지막 며칠 동안 집에 있던 물건들이 하나둘 사라졌어. 옷, 음식, 가구…
그리고 사람들도 어디론가 떠나갔지. 마지막 순간에 그 애는 나를 꼭 안았어. 다시는 내려놓고 싶지
않다는 듯이. 그러고는 뒤도 돌아보지 않고 밖으로 걸어 나갔어.
사람들이 돌아올 줄 알았어. 예전에도 이따금 그런 식으로 나갔다가 늘 다시 돌아왔거든.
그러니 이번에는 다를 줄 내가 짐작이나 했겠어?
난 그 애 침대에 누워 잠들었어. 얼마 뒤 위층에 사는 남자가 방으로 들어왔어. 나는 깜짝 놀라
잠에서 깼어. 남자는 나를 바구니에 앉혀 부엌으로 데려가서는 고기 한 조각을 주었지. 그런 다음
나를 밖으로 데리고 나가서 몇 집 건너에 있는 어떤 집의 초인종을 눌렀어. 여자애가 문을 열었어.
나도 아는 애였어. 우리 집에 몇 번 놀러 온 적 있는 토스였지.
"그 사람들 떠났어요?"
"응, 떠났어." 위층 남자가 나를 바구니째 건네며 말했어.
"깜장이야, 토스. 잘 돌봐 주렴."

아니, 이랬던가?
어느 무더운 여름날이었어. 그 애의 침대에서 자고 있었는데, 그 애가 방으로 들어와 나를 들어 올려
안았어. 나는 그 애 품 안에서 가르랑거렸지.
그 집에 살던 다섯 사람 중에서 그 애를 가장 좋아했어. 그 애는 가장 작고 늘 바빴지만 나를 무척
아껴 줬어. 그 애가 학교에서 돌아올 때가 되면 나는 부엌 문 앞에서 기다렸어. 그 애가 오면 곁을
맴돌며 그 애 다리에 머리를 비볐지. 밥을 달라는 뜻이었어. 그 애는 내 말을 알아듣고는 그릇 가득
우유를 부어 주곤 했어.
그날 그 애는 나를 데리고 나가서는, 몇 집 건너에 있는 어떤 집의 초인종을 눌렀어. 여자애가 문을
열어 주었어. 그 애가 누구인지는 나도 잘 알아. 우리 집에 몇 번 놀러 온 적 있는 토스였어.
"깜장이는 네가 잘 돌봐 줘."
그 애는 나를 토스에게 안겨 주었어. 토스는 나를 기다리고 있었다는 듯 고개를 끄덕였지.
얼마 뒤 그 애는 내 밥그릇과 화장실을 가져다주러 다시 왔다가, 이내 어디론가 가 버렸어.

무엇이 사실인지는 그리 중요하지 않아.
한동안 사람들은 그 일을 두고 이야기했지만, 얼마 지나지 않아 모두 정확히 무슨 일이 일어났는지
기억하지 못했어. 아무려면 어때. 중요한 건, 전쟁이 세상을 덮쳤고, 그 바람에 수많은 목숨붙이가
늙기도 전에 죽었다는 사실이야.
나는 벼룩 때문에 죽었어. 토스네 집에서는 나를 "벼룩 극장"이라고 불렀지. 그놈들이 계속 물어뜯는
바람에 나는 점점 약해져만 갔어. 어느 날 토스가 학교에 간 사이, 나는 보호소에 맡겨졌어. 그다음에
무슨 일이 일어났는지 모르겠는데… 아무튼 나는 지금 이곳에 있어. 벼룩도 없고, 먹을 것도 넘치는
이곳에. 고양이들이 북적대고, 사람은 그보다 더 많은 이곳에서 평화로운 나날을 보내고 있었지.
그러던 어느 날, 그 애도 여기로 왔어. 나를 한눈에 알아본 그 애는 햇살처럼 눈을 반짝이며 나를 꼭
끌어안았어. 다시는 헤어지지 말자는 듯이. 다행스럽게도 여기서 우리는 두 번 다시 헤어지지 않아도 돼.

동물, 전쟁의 희생양이 되다

깜장(네덜란드어 발음은 '모르찌어')이는 안네 프랑크와 함께 살던 검정 고양이예요. 1942년 7월 6일, 안네 가족은 네덜란드 암스테르담 메르베데플레인의 집을 떠나, 아빠가 일하던 프린센라흐트의 사무실 건물에 마련한 비밀 장소에 숨었어요. 제2차 세계대전 동안 아돌프 히틀러는 유대인을 강제 수용소로 보내 독가스로 살해했어요. 안네 가족은 유대인이었고, 그래서 **홀로코스트**를 피해 숨어든 거예요. 사랑하던 깜장이는 집에 두고 떠날 수밖에 없었어요. 안네 가족은 유대인 네 명과 함께 지냈어요. 그 가운데 안네 또래의 페터르는 고양이 마우스히를 데려왔어요. 건물에는 고양이가 한 마리 더 있었어요. 쥐를 잡는 모피였어요.

깜장이는 안네의 동네 친구 토스 쿠퍼르스의 집에서 지내게 되었어요. 깜장이가 토스네 집으로 간 이야기는 두 가지가 전해지고 있어요. 먼저 토스는 안네가 떠나기 직전에 직접 깜장이를 데려왔다고 말했어요. 하지만 안네가 비밀 장소에서 쓴 일기장인 『안네의 일기』에는 다르게 적혀 있어요. 안네 가족이 떠나면서 부엌 조리대 위에 고기 1파운드와 쪽지를 남겨두었고, 위층에 세 들어 살던 홀드스미트 씨가 그 쪽지를 발견해 몇 집 건너 살던 토스에게 깜장이를 맡겼다고 말이죠.

제2차 세계대전 동안 고양이들도 큰 고생을 했어요. 고양이를 먹이기는커녕 자신들이 먹을 음식도 구하기 어려워진 많은 사람이 고양이의 숨을 끊었거든요. 동물보호협회에서는 고양이가 받는 고통을 줄이고 편안한 죽음을 맞게 하는 가스 상자를 잡지에 소개했죠. 고양이를 가스로 죽이다니… 따지고 보면 히틀러가 강제 수용소에서 사람들을 살해한 방식과 다를 바 없었어요.

고양이들은 고양이 사냥꾼에게 잡혀 정육점에 팔리기도 했어요. 고양이 고기에서 토끼 고기 맛이 난다고 말하는 사람들도 있었는데, 네덜란드 팔켄뷔르흐의 한 식당에서는 고양이 스튜를 토끼 스튜라고 속여 팔았다고 해요. 고양이는 털가죽으로도 인기가 많았어요. 1944년 5월 3일, 안네는 일기장에 이렇게 적었어요. "우리 모피가 없어졌다는 이야기를 했던가? 지난 목요일부터 모피는 흔적도 없이 사라졌다. 벌써 고양이 천국에 갔겠지. 고양이 고기를 좋아하는 누군가가 모피를 스튜로 만들었을지도 모르고, 어떤 여자아이는 모피 털가죽으로 만든 모자를 쓰게 될지도 모른다."

깜장이는 벼룩이 너무 많아서 건강이 나빠졌어요. 깜장이를 토스에게 맡기고 2년 뒤, 토스의 엄마는 깜장이를 보호소에 보내 안락사시켰습니다.

👁 제2차 세계대전 동안 홀로코스트가 일어났어요. **홀로코스트**란 아돌프 히틀러와 그를 따르는 사람들이 유대인을 집단으로 살해한 사건이에요. 수많은 유대인이 홀로코스트를 피해 숨어 지냈어요. 대부분은 식구들이 뿔뿔이 흩어져야 했는데, 다행스럽게도 안네 프랑크는 언니, 부모님과 함께 지낼 수 있었어요. 안네는 일기에 이렇게 적었죠. "작별 인사를 나눈 유일한 존재는 내 작은 고양이 깜장이뿐이었다."

깜장이와의 이별은 안네에게 크나큰 슬픔이었어요. "사람들이 깜장이 이야기를 꺼내면 견딜 수 없는 슬픔이 밀려온다. 나에게 깜장이는 아픈 손가락이다. 하루 종일 단 한 순간도 빠짐없이 깜장이를 그리워한다. 내가 깜장이를 얼마나 많이 생각하는지 누가 알까? 깜장이를 떠올리면 눈물이 차오른다. 그리운 깜장이, 내 사랑 깜장이. 가끔 깜장이가 돌아오는 꿈을 꾼다. 깜장이는 내게 너무나도 소중하다. 예전처럼 깜장이와 속 깊은 이야기를 나눌 수 있다면…."

네덜란드에서는 숨어 지낸 2만 8000명 가까운 유대인 가운데 안네 가족을 포함한 약 1만 2000명이 체포되었어요. 안네 가족은 함께 지내던 다른 유대인들과 함께 1944년 8월 4일에 잡혀갔지요. 식구들 중에서 오직 안네의 아버지, 오토 프랑크만 살아남았어요. 1945년 열다섯 살의 안네는 전쟁이 끝나기 몇 달 앞두고 베르겐-벨젠 강제 수용소에서 세상을 떠났어요. 안네는 가스실에서 죽지는 않고 병과 탈진으로 사망했어요. 안네는 홀로코스트로 희생된 600만 명 중 한 명입니다.

침팬지: 실험체 65번 이야기
— 1961년, 북아메리카

손잡이를 당긴다. 파란 불이 켜지면 얼른 손잡이를 당긴다. 그러면 바나나를 받는다. 손잡이를 당기지 않거나 늦게 당기면 발바닥에 통증이 찌릿 퍼진다. 그래서 나는 최선을 다해 재빨리 손잡이를 당긴다. 내 이름은 65번. 박사가 우리에게 이상한 것을 가르친다. 인간이 하는 행동들을. 나는 그게 재미있어서 집중해서 한다. 처음에는 친구들이 많았다. 하지만 점점 줄더니 이제는 나만 남았다. 인간들이 나보고 제일 똑똑하다고 한다. 내 머리를 쓰다듬으면서 "머큐리 계획의 영웅, 우주의 영웅"이라고 말한다. 머큐리 계획이 뭔지, 우주가 뭔지 난 모른다. 그냥 손잡이를 당기고 바나나를 받을 뿐이다.

사람들이 나를 작은 상자에 넣는다. 난 작다. 그런데도 이 안은 너무 좁다. 상자에는 작은 창이 하나 달려 있다. 사람들이 창문 너머에서 내게 손을 흔든다, 엄지손가락을 치켜든다. 나를 이 안에 넣은 손들을 말없이 바라본다. 입술에 힘을 주어 입을 다문다. 이를 꽉 문다. 이건 정말 재미없다. 사람들이 손을 흔들며 나보고 행복한 침팬지라고 말한다. 상자에서 나와 바나나를 받는다.

여행을 떠난다. 오래전 나를 정글에서 데려올 때처럼 사람들이 나를 어디론가 데리고 간다. 다시 정글로 가는 걸까? 설레는 마음에 의자 위에서 펄쩍펄쩍 뛴다. 바깥으로 나왔지만 숲은 없다. 넓은 돌바닥이 펼쳐져 있을 뿐이다. 키가 엄청나게 큰 것 하나가 우뚝 서 있다. 가지는 붙어 있지 않다. 이건 나무가 아니다.

사람들이 내게 옷을 입힌다. 딱 달라붙는 옷이다. 너무 꽉 껴서 답답하고 살이 쓸린다. 사람들이 내 몸에 줄 달린 무언가를 하나둘 붙인다. "오늘이 그날"이라는 말이 들린다. 많은 사람들이 바쁘게 움직인다. 나는 또 상자에 들어간다. 바깥으로 나가고 싶지만 다리가 이미 묶여 버렸다. 나는 손을 흔든다. 손은 자유롭다. "손잡이를 기억해." 사람들이 말한다. "손잡이를 꼭 기억해, 65번. 잘 다녀와." 사람들이 내 머리를 쓰다듬는다. 상자의 문이 닫힌다. 내가 들어 있는 상자가 키 큰 그것 안으로 들어간다. 이제 사람들이 보이지 않는다. 오직 목소리만 들릴 뿐이다. 사람들이 숫자를 센다. 박사와 함께 수를 세던 기억이 난다.

10, 9, 8, 7, 6, 5, 4, 3, 2, 1…
귀를 찢을 듯이 커다란 소리가 들린다. 그 소리에 머릿속까지 사납게 울린다. 나는 소리 지른다. 하지만 커다란 소리에 묻혀 내 목소리는 들리지 않는다. 무슨 일이 일어나는 걸까? 무섭다. 온몸이 쿵쿵 뛴다. 귓속이 윙윙 울린다. 창밖을 바라보지만 아무것도 알아볼 수 없다. 여긴 어디일까? 누군가 내 몸을 꽉 누르는 것만 같다. 하지만 여기에는 나 말고 아무도 없다. 나는 이빨을 드러내고 외친다. "제발 나를 꺼내 줘!"

파란 불이 켜지는 것이 눈에 들어온다. 재빨리 손잡이를 찾아서 당긴다. 하지만 아무리 당겨도 바나나는 나오지 않는다.

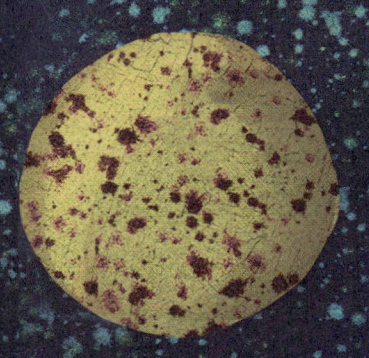

동물, 우주 비행사가 되다

65번은 NASA(미국항공우주국)의 머큐리 계획(지구인을 최초로 우주로 보내는 계획)에 참여한 침팬지 40마리 중 하나예요. NASA에서는 쥐나 히말라야원숭이로 먼저 실험을 했어요. 그런 다음 사람과 가장 닮은 동물인 침팬지를 로켓에 태워 우주로 발사했습니다.
침팬지들은 명령에 따라 손잡이를 당기는 훈련을 받았어요. 제대로 하면 바나나를 받았고, 잘못하면 발바닥에 전기 충격을 받았어요. NASA에서는 침팬지가 우주에서 손잡이를 당길 수 있다면 인간도 우주여행에서 임무를 수행할 수 있을 거라고 생각했어요. 인간을 우주에 보내는 것은 미국이 가장 바라는 일이었어요. 그리고 미국과 우주 경쟁을 벌이던 소련보다 먼저 그 일을 이루고 싶어 했어요.
아기 적에 카메룬의 정글에서 잡혀 온 65번은 침팬지 가운데 성적이 가장 우수했어요. 그리고 성격도 매우 유쾌했다고 해요. 실험에 참여한 침팬지를 이름 대신 번호로 부른 건, 그것이 단지 편했기 때문만이 아니었어요. 실험이 실패하여 침팬지가 죽고 사고 소식이 신문에 실렸을 때, 번호만 나오는 것이 이름이 나오는 것보다 사람들에게 덜 슬프게 받아들여지리라는 계산이 깔려 있었죠.

👁 **과학**은 끊임없이 발전해요. 우리의 호기심 덕분에 우리는 스마트폰, 코로나바이러스감염증-19 백신, 달 탐사 로켓이 있는 시대에 살고 있지요. 이러한 발전은 인간만의 노력으로 이루어진 것이 아니에요. 우리는 끊임없이 동물들의 도움을 받고 있습니다. 예를 들어 인간이 우주를 여행하기 전에 과학자들은 초파리, 물고기, 거북, 거미, 개구리, 개, 원숭이 들을 우주로 먼저 보냈어요. 실험이 실패하면 사람 대신 동물이 희생되는 것이 낫다고 여겼기 때문이에요.
1960년대에 제인 구달은 유명한 침팬지 연구가였어요. 그녀는 침팬지를 실험에 이용하지 않고 곁에서 함께 지내며 관찰했어요. 그 덕분에 침팬지의 표정을 잘 읽을 수 있게 되었죠. 구달은 이를 드러내는 침팬지는 웃는 게 아니라 무서워하는 것이라고 말했는데, 로켓에 탄 햄의 모습을 보고 큰 충격을 받았어요. 그렇게 겁에 질린 침팬지는 본 적 없었기 때문이에요.
NASA의 과학자들은 햄을 미국이 우주 탐사에 한 걸음 더 다가갈 수 있도록 도와준 영웅으로 치켜세워요. 하지만 구달은 햄이 지능 있는 동물이 아니라 물건처럼 다뤄졌다고 말했습니다.

드디어 65번이 우주로 떠나는 1961년 1월 31일이 왔어요.
65번은 기저귀를 차고, 우주복을 입고, 상태를 측정하기 위해 감지기를 몸에 붙였어요. 그런 다음 미국 플로리다주 케이프커내버럴 공군 기지(지금은 '우주군 기지')에서 로켓에 실려 우주로 발사되었습니다.
65번은 16분 동안 우주여행을 했어요. 그 짧은 시간 동안 여러 문제가 일어났어요. 먼저 로켓이 너무 빠르게 날아오르면서 로켓 안의 압력이 순식간에 올라갔어요. 또 너무 높이 날아오르는 바람에 65번이 탄 캡슐이 계획한 곳에서 100킬로미터 벗어난 바다에 떨어졌어요. 다행스럽게도 65번은 코에 멍만 들었을 뿐 다친 데 없이 무사했어요. 그때부터 65번은 '햄'으로 불리기 시작했어요. 우주 침팬지 햄은 최초로 우주를 비행한 유인원으로 **과학**의 역사에 발자취를 남겼어요. 이로써 미국은 소련보다 먼저 유인원을 우주에 보내는 데 성공했어요. 하지만 가장 중요한 경쟁에서는 소련이 미국을 앞섰습니다.
1961년 4월 12일, 소련의 유리 가가린이 인간 가운데 최초로 우주여행에 성공했거든요.
우주여행을 다녀오고 두 해 뒤에 햄은 우주 실험에서 은퇴했어요. 그리고 남은 삶을 대부분 미국의 동물원에서 보내다가, 1983년 스물여섯 살 나이로 세상을 떠났어요. 햄의 몸 중에서 뼈대는 미국 국립의료박물관에 전시되었고, 나머지는 미국 국제우주명예의전당에 묻혔어요. 햄의 묘비에는 이렇게 적혀 있어요.
"햄은 인간이 우주에서 살아가며 일할 수 있다는 것을 증명했다."

제브라피시 이야기

— 1980년, 독일

산다는 건 정말 쉬운 것 같아. 빛과 어둠은 꼬박꼬박 때 맞춰 찾아오지, 신선한 물은 계속 새로 들어오지, 아르테미아와 짚신벌레 같은 먹이는 배고픈 시간에 딱딱 맞춰 쏟아지지… 우리 삶을 관리해 주는 전지전능한 존재가 있는 것 같아.
하지만 우리는 제브라피시.
신은 믿지 않지.

우리는 매주 알을 낳아. 그렇게 타고났어. 암컷들이 알을 낳으면, 수컷들은 그 위를 헤엄치며 정자를 구름처럼 내뿜어. 이렇게 매주 수백 개의 알을 낳아 종족을 지키지. 그런데 이상하게도 그 알들이 낳자마자 사라져. 큰 물고기가 와서 먹는 건 아니야. 우리가 사는 곳엔 큰 물고기가 없으니까.
그보다 더 대단한 무언가가 그런 일을 벌이는 건 아닐까? 우리가 알을 낳는 바로 그 순간에 나타나서 알을 모조리 가져가는 것만 같아. 내가 이상한 생각에 사로잡힌 걸까? 하지만 정말로 가끔, 누군가 우리를 지켜보는 것만 같다니까. 빅 브라더*가 세상을 감시하고 있다고!
그런데 우리 아이들은 어디에서 태어날까?
아니, 태어나기는 할까?

이곳은 풀리지 않는 수수께끼투성이야. 오늘 아침만 해도 그래. 갑자기 물에서 이상한 맛이 났어. 무슨 맛이냐고? 아르테미아 맛도 아니고, 짚신벌레 맛도 아니야. 찝찝하고 이상한 맛이라 삼킬 마음이 안 들었지만 물고기가 별 수 있어? 숨을 쉬려면 물을 들이키는 수밖에. 그래서 입을 열어 물을 삼킨 다음 아가미로 산소를 걸러냈지.
그렇게 그 맛을 보게 된 거야.
처음 있는 일은 아니야. 자주 그런 일이 있어. 갑자기 물 색깔이나 맛, 어떤 때는 성질까지 바뀌지. 눈에 보이지는 않지만 뭔가 섞여 들어온 듯한 느낌, 세상이 미세하게 달라져 버린 느낌이 들지.
그럴 땐 진한 물속을 헤엄치는 것만 같아. 내가 무슨 말을 하는지 감이 와?
그럴 때는 우리 몸속에서도 이상한 변화가 일어나는가 봐. 막 어지럽고 속이 메스껍고 그러거든. 그래서 비틀비틀 헤엄치거나, 힘없이 물속에 누워 있지. 달라진 물이 내게 영향을 준 걸까? 세상이 달라지면 내 몸속도 달라지는 걸까? 이번에는 무슨 일이 일어날까? 아플까? 힘이 빠질까? 아니면 아무 일도 안 일어날까? 내 뜻과 상관없이 이런 일이 일어날 때마다 괜한 생각이 들어. 누군가 내 삶을 제 뜻대로 만들고 있다는 생각이, 꼭두각시를 조종하듯 누군가 내 몸에 줄을 매어서 당기고 있다는 생각이, 내가 어떤 섬뜩한 실험을 당하고 있는 건 아닐까 하는 생각이….
하지만 우리는 제브라피시.
실험 같은 건 믿지 않지.

그렇지만 누군가 나를 지켜보고 있다는 느낌이 점점 강해져.
우리 모두를 지켜보고 있다는 느낌이.

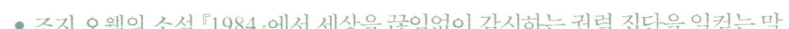

* 조지 오웰의 소설 『1984』에서 세상을 끊임없이 감시하는 권력 집단을 일컫는 말.

동물, 사람 대신 실험 대상이 되다

감염을 치료하는 항생제, 암을 물리치는 항암 치료, 할머니의 닳아 버린 관절을 대신하는 인공 관절… 이 모든 것은 의학 연구를 통해 탄생했어요. 의학 연구에서는 약물이 효과가 있는지, 어떻게 해야 인공 관절 수술을 잘할 수 있는지 알아보기 위해 실험동물을 이용해요. 생쥐, 원숭이, 돼지, 염소, 토끼, 초파리, 물고기 등 연구에 가장 알맞은 동물이 실험에 쓰이지요.

제브라피시는 길이가 4센티미터쯤 되는 작은 물고기로 파키스탄, 인도 북부, 네팔, 방글라데시의 민물에 살아요. 1960년대부터 과학자들이 이 물고기를 눈여겨봤어요. 제브라피시와 사람의 유전자가 70퍼센트나 같았기 때문이에요. 이는 그때까지 가장 널리 실험에 이용된 생쥐보다 겨우 10퍼센트 적은 수치였어요.

게다가 제브라피시는 생쥐보다 기르는 데 돈이 훨씬 덜 들어요. 또 약물도 물에 풀어 넣기만 하면 먹일 수 있고, 번식 속도도 훨씬 빠르죠. 일주일에 알을 200개쯤 낳는 데다가, 부화 뒤 석 달 안에 다 자라기까지 하거든요. 이에 비해 생쥐는 임신 기간만 3주이고, 한 번에 새끼를 15마리쯤 낳지요.

제브라피시 새끼는 알에서 깨어나기 때문에, 어미 뱃속에 들어 있는 생쥐 새끼보다 훨씬 쉽게 관찰할 수 있어요. 또 알이 투명해서 그 안에서 일어나는 일도 그대로 볼 수 있죠. 뛰는 심장, 혈관을 타고 흐르는 피, 창자 속 배설물까지 말이에요.

1960년대에는 물고기가 **통증**을 느끼지 못한다고 생각하는 사람이 많았어요. 그래서 생쥐보다 제브라피시를 실험동물로 쓰는 게 덜 잔인한 일이라고 여겼어요. 그리고 제브라피시는 근육, 신장, 혈액, 눈 같은 것이 사람과 놀랄 만큼 닮았죠. 돈 덜 들지, 관찰하기 좋지, 통증 못 느끼지, 사람과 닮았지… 과학자들은 제브라피시가 완벽한 실험동물이라고 믿어 의심치 않았습니다.

오늘날 제브라피시는 전 세계 연구실에서 태어나고 죽어요. 아시아의 민물 웅덩이는 모르는 채, 가지런히 놓인 수조 속을 헤엄치며 수면 장애, 근육병, 암 같은 질병을 안고 살지요. 자연스럽게 걸린 게 아니라, 과학자들이 일부러 걸리게 만든 질병을 말이에요. 과학자들은 실험을 통해 이런 질병에 효과적인 약을 찾고 있어요. 제브라피시를 치료하기 위해서가 아니라, 같은 질병을 앓는 사람들을 치료하기 위해서죠.

얼마 전 아주 신기한 사실이 하나 알려졌어요. 제브라피시의 심장을 조금 떼어 냈더니 그 부분이 저절로 다시 자라난 거예요. 말하자면 제브라피시에게는 다친 심장을 스스로 고치는 능력이 있는 것이죠. 어떻게 그럴 수 있을까요? 과학자들이 이 비밀을 밝혀낸다면, 심장병 환자들에게 큰 희망이 될지도 모릅니다.

👁 사람들은 오랫동안 물고기가 **통증**을 느끼지 않는다고 생각했어요. 물고기의 신경계와 두뇌가 새나 포유류보다 훨씬 단순하니까 그러리라고 지레짐작한 거죠. 하지만 이제 우리는 물고기가 통증을 느낄 때 다르게 행동한다는 것을 알고 있어요. 예를 들어 물고기는 통증을 느끼는 곳을 피하려고 해요. 그곳에 먹이가 있다 하더라도요. 물고기도 사람이나 다른 포유류와 같은 통증을 느낄까요? 과학자들의 생각은 여럿으로 갈려요. 그렇지만 물고기는 분명히 통증을 느낍니다. 그래서 동물권 운동가들은 물고기를 이용한 실험에 반대해요. 그 실험이 의학 연구를 위한 것이라 할지라도 말이죠.

산악고릴라 ▶

아프리카들소들은 피 냄새를 맡았다. 그러니 틀림없이 사실이다.

"무기를 든 사람들이 호루라기와 무전기를 들고 소리를 지르며 나라 곳곳을 돌아다녀."
"손만 자르는 게 아니라 다리도, 머리도, 이것저것 모두 자르고 있어."
"마체테 칼이 없는 사람들은 습지로 도망쳐 숨지만, 결국엔 들켜 죽임당하고 말아."
"마을마다 시체가 널려 있어. 아이들까지 죽임을 당해."
"네가 잘못 들은 게 아니야. 인간은 다른 인간의 아이까지 죽이고 있어."

백일쯤 지났을까? 마침내 인간들은 살육을 멈췄다. 정신을 되찾은 걸까? 아니면 죽어야 할 사람들이
다 죽은 걸까? 새들도 그 이유는 알지 못했다.
우리는 이야기를 들으며 고개를 저었다. 그리고 다시 우리가 할 일을 했다. 잠잘 곳을 마련하고,
먹을 것을 찾고, 아기들이 씩씩한 고릴라로 자라도록 돌봤다.
요즘 인간들이 다시 우리가 사는 곳으로 온다. 이제는 죽이러 오지 않는다. 그저 우리를 바라볼
뿐이다. 우리 산악고릴라는 평화를 사랑한다. 바라보기만 하는 인간은 그냥 내버려둔다.
인간이 진짜 우리 친척이라면, 우리에게서 많은 것을 배울 수 있을 것이다.

동물, 슬픈 역사를 목격하다

1994년 4월 6일부터 7월 중순까지, 르완다에서 투치족 **집단살해**가 벌어졌어요. 중앙아프리카의 산악 국가인 르완다에서 후투족과 투치족 사이에 오랜 갈등이 이어져 오다가 결국 집단살해로 터져 나오고 만 거예요. 이 비극적인 사건으로 80만에서 100만 명이 목숨을 잃었습니다. 그해 4월 6일 후투족 출신 대통령이 탄 비행기가 공격을 받고 격추되어, 비행기에 탄 모든 사람이 숨진 일이 있었어요. 후투족은 이 공격을 투치족이 저질렀다면서, 나라 곳곳에서 투치족을 살해하기 시작했어요. 마체테라는 커다란 칼로 잔인하게 사람을 죽였지요. 라디오에서는 "일을 하라"는 메시지가 흘러나왔어요. 사람을 죽이라는 뜻이었죠. 살인자들은 호루라기를 불어 서로를 부추기면서 살인을 저질렀어요.
세계는 이 사건을 가만히 지켜보기만 했어요. 유엔 평화유지군이 르완다에 있었지만, 살인자들에게 총을 쏠 수는 없었어요. 약 100일 뒤, 이웃 나라 우간다에서 온 반란군이 집단살해를 멈추도록 했어요. 반란군의 대부분은 르완다에서 도망친 투치족 출신이었죠.

르완다 북쪽의 비룽가산맥에는 산악고릴라들이 살고 있어요. 20세기에는 사람들이 불법 사냥으로 고릴라 새끼를 잡아 동물원에 팔고는 했어요. 사냥꾼이 새끼를 잡아갈 때마다 어른 고릴라 여러 마리가 죽임을 당했어요. 사냥꾼은 죽은 고릴라의 손을 잘라 갔어요. 재떨이로 쓰이는 인기 있는 기념품이었기 때문이죠. 오늘날 산악고릴라는 보호종으로 정해졌고, 다행스럽게도 사냥은 금지되었어요. 이제는 안내자와 함께 열대 우림으로 들어가 산악고릴라를 관찰할 수만 있습니다.
르완다 집단살해가 일어나던 동안 산악고릴라는 큰 해를 입지 않았어요. 이를 본 유엔 평화유지군의 한 장교는 이렇게 말했습니다. "만약 80만 마리의 고릴라가 죽었대도 세계가 가만히 지켜보기만 했을지 궁금하다."

👁 **집단살해**는 제노사이드(genocide)라고도 해요.
이 말은 1944년 폴란드 출신 변호사 라파엘 렘킨이 처음 만들어 썼어요. 그리스어 제노(geno: 인류, 사람, 부족 등을 뜻함)와 라틴어 키데(cide: '죽이다'라는 뜻의 caedere에서 나온 말)를 합쳐 만든 말이죠. 이 말에는 렘킨의 아픈 기억이 담겨 있어요. 렘킨도 홀로코스트로 많은 식구를 잃은 유대인이거든요.
1948년 유엔에서 채택한 '집단살해죄의 방지와 처벌에 관한 협약'에는, 전 세계 어디에서든 집단살해가 발생하면 다른 나라들이 적극 나서야 한다고 적혀 있어요. 하지만 세계 각국이 언제나 그렇게 한 것은 아니에요. 예를 들어 프랑스 대통령 프랑수아 미테랑은 르완다에서 일어난 일을 두고 이렇게 말했어요. "그런 나라에서 벌어지는 집단살해는 별로 중요하지 않다."
1994년 봄, 유엔 안전보장이사회에서는 르완다 문제를 두고 여러 차례 회의했어요. 그런데 살해가 시작된 지 69일째 되는 날에도 '집단살해'라는 말은 입에 올리지도 못했어요. 르완다 문제가 집단살해 범죄로 인정되면 유엔이 나서야 하고, 그러면 큰돈이 들기 때문이었어요. 그래서 회의에서는 "집단살해적 행위"라는 말을 썼어요. 이에 한 기자가 이런 질문을 던졌습니다. "대체 몇 번의 집단살해적 행위가 일어나야 집단살해 범죄가 되는 것입니까?"
홀로코스트는 집단살해로 불린 첫 번째 사건이에요. 그렇지만 인류 역사에서 한 집단이 다른 집단을 모조리 죽이려 한 일은 홀로코스트 이전에도, 그 이후에도 있습니다. 보스니아, 수단의 다르푸르, 미얀마 등에서 그런 일이 벌어졌지요.
침팬지는 집단들끼리 전쟁을 벌이기도 해요. 또 수사자는 다른 수컷의 새끼를 죽인 뒤 암컷과 짝짓기하기도 합니다. 그러나 인간처럼 같은 종족을 집단으로 살해하는 동물은 없습니다.

범고래: 케이코 이야기

— 1998년, 아이슬란드

어떤 사람들은 내 삶이 영화 같다고 해. 그러면 나는 말하지. "내 삶은 영화 그 자체"라고. 혹시 영화 〈프리 윌리〉를 봤니? 거기 나온 범고래가 컴퓨터 그래픽으로 만든 건 줄 알았지? 아냐. 나는 진짜로 엄마 뱃속에서 나왔어. 내 이력에 모두 적혀 있어. 유명한 영화배우를 검색하면 이력이 나오잖아. 나도 그래. 내 이력을 함께 볼까?

1977년, 범고래 케이코는 아이슬란드의 레이다르피외르뒤르 마을 근처 바다에서 태어났다.
다 맞지는 않아. 케이코라는 이름은 나중에 얻었거든. 수많은 사람이 나를 '윌리'로 알고 있을 거야. 유명해지면 이런 점이 안 좋지. 진짜 나와 내가 맡은 역할을 헷갈려하는 사람이 많아진다는 것이.

두 살 때 사람들에게 잡혀 캐나다의 워터파크로 팔려 갔다.
그날은 내 등지느러미 색보다 더 어두운 날이었어. 한순간도 빠짐없이 함께 헤엄치던 엄마는 바다에 남고 나만 바깥으로 끌려 나왔어. 범고래도 마음이 찢어지는 기분을 느끼냐고? 그래, 그날 내 마음은 갈기갈기 찢어졌어. 나는 수조에 갇힌 채 온갖 묘기를 배웠어. 다른 범고래들도 있었지만 서로 별 관심 없었지. 캐나다에서 내가 알게 된 건, 아무리 많은 사람들에 둘러싸여 있어도 외로울 수 있다는 거야.

1985년, 멕시코시티로 이사했다.
나는 쑥쑥 자랐어. 그에 따라 수조는 점점 좁아졌지. 꼬리를 세 번만 저어도 수조 이쪽 끝에서 저쪽 끝까지 갈 정도로. 또 물은 미지근했고, 물고기는 맛이 없었어. 나는 몸이 아프기 시작했고, 외로움도 깊어졌어. 이따금 마주치는 돌고래 빼고는 만나는 동물도 없었지. 사람들이 있기는 했어. 내 묘기를 보러 오는 관객들, 나한테 물고기를 주는 조련사들이. 그러던 어느 날, 한 영화감독이 나타났어. 그는 영화에 출연할 범고래를 찾고 있었어. 난 오디션을 볼 필요도 없었지.

1991년, 〈프리 윌리〉 촬영이 시작되었다.
별로 기대하지 않았는데, 연기가 너무 재미있더라. 갑자기 사람들이 나에게 관심을 주기 시작했어. 수조는 시원한 물로 채워지고, 맛있는 물고기를 먹을 수 있게 되었어. 그런데 영화 찍는 삶에 익숙해질 만하니까 카메라가 모두 사라졌어. 그때 아무것도 변하지 않았다면, 나는 멕시코의 그 좁디좁은 수조에서 죽고 말았을 거야. 기운이 없어 축 처져 있었거든. 그런데 다행스럽게도 엄청난 일이 벌어졌지.

1996년, 미국 오리건주로 이동했다.
자연은 범고래에게 날개를 주지 않았지만 나는 비행기를 타고 하늘을 날았어. 오리건주에 도착한 뒤로는 시원한 물이 가득 담긴 거대한 수조에서 살았어. 또다시 혼자가 되었지만, 수조 유리벽 바깥의 스크린에서는 범고래 영상이 계속 나왔어. 거기서 내가 출연한 〈프리 윌리〉도 여러 번 보았지.

1998년 9월 9일, 아이슬란드의 바다로 돌아갔다.
내 마지막 여행이었어. 이제는 좁은 수조가 아닌 넓은 바다에서 살게 되었어. 내 위에서 날아다니는 새들, 함께 헤엄치는 물고기들, 짜디짠 물, 파도, 바람… 몸으로 느껴지는 이 모든 것이 믿기지 않았지. 드디어 집에 돌아온 거야.

조련사들이 여전히 내 곁을 오가지만, 이제 나는 어디든 헤엄쳐 갈 수 있어. 다른 범고래들이 있다는 것도 느껴져. 그들의 노랫소리가 파도를 타고 내게로 오거든. 그들 가운데 혹시 엄마도 있을까? 내 안 어디에선가, 조각났던 마음이 천천히 다시 붙어 가는 게 느껴져.

동물, 세계적인 스타가 되다

범고래 케이코는 1979년 아이슬란드의 바다에서 붙잡혀 캐나다의 워터파크에 팔렸다가 멕시코로 보내졌고, 그곳에서 관객을 위해 온갖 묘기를 부리며 지냈어요. 그러던 어느 날, 영화에 출연시킬 범고래를 찾던 한 영화사의 감독을 만나 영화 <프리 윌리>를 찍게 되었죠. <프리 윌리>는 워터파크에 갇혀 있던 한 범고래가 자유를 되찾는 이야기예요. 영화는 큰 성공을 거두었고, 영화사에는 어린이들의 편지가 쏟아져 들어왔어요. "진짜 윌리는 어떻게 되었어요? 그 애도 자유를 되찾았나요?" 케이코는 자유를 얻지 못했어요. 대신 멕시코시티의 좁은 수조 안에서 병들어 가고 있었죠. 영화 제작진은 케이코에게 죄를 지은 기분이었어요. 사람들은 생각했죠. '**동물**에게도 사람처럼 **권리**가 있지 않을까?' 케이코에게 자유를 돌려주기 위한 모금 운동을 벌어졌고, 수많은 어린이가 용돈을 기부했어요. 케이코는 인간에게 잡힌 다른 범고래는 누리지 못한 행운을 얻었어요. 바다로 돌아가게 된 거예요. 그렇지만 자연으로 돌아가는 것이 쉽지는 않았어요. 오랫동안 사람들과 살아온 케이코가 야생에서 살아가는 법을 모두 잊었기 때문이었죠. 그래서 조련사들이 하나하나 다시 가르쳐야 했어요. 먼저 미국 오리건주에 특별한 수조를 만들어 케이코가 지내도록 했어요. 케이코가 다른 범고래들에 익숙해지도록, 수조 유리벽 바깥에 범고래가 나오는 영상을 틀어 주었지요. 훈련을 마친 케이코는 마침내 아이슬란드로 날아갔습니다.

조련사들은 케이코가 바다에 적응할 수 있도록 도와주었어요. 하지만 사람은 범고래처럼 가르칠 수 없어요. 진짜 범고래다운 행동을 가르칠 수 있는 건 다른 범고래들뿐이죠. 그런데 케이코는 바다에서 다른 범고래를 찾더라도 가까이 가지는 못했어요. 또 스스로 먹이를 구하지 못해 조련사들에게 매일 돌아왔지요. 엄마를 다시 만났더라면 많은 것이 달라졌을지 모르지만, 결국 케이코는 가장 익숙한 존재인 사람들 곁에서 안정감을 느꼈습니다. 2002년 케이코는 노르웨이로 가는 야생 범고래 무리를 따라갔어요. 무사히 노르웨이의 피오르 해안에 도착했지만, 거기서도 사람들의 배를 찾아다녔어요. 조련사들은 케이코를 따라가 물고기를 주었어요. 케이코는 자연으로 돌아갔지만, 진짜 야생 범고래가 될 수는 없었어요. 2003년 12월의 어느 날, 케이코는 먹지 않기 시작했고, 이틀이 지난 12월 12일 폐렴으로 세상을 떠났습니다.

케이코가 아이슬란드로 돌아간 뒤, 관객 앞에서 묘기를 부리도록 하기 위해 범고래를 잡는 일은 사라졌어요. 이것은 케이코가 같은 종족에게 남긴 소중한 유산입니다. 그렇지만 케이코를 바다로 다시 데려간 일을 많은 사람들이 비판해요. 이들은 범고래 한 마리를 구하는 데 쓰인 엄청난 돈이 범고래 전체를 보호하는 데 쓰였더라면 더 좋았을 거라고 말했습니다.

👁 동물에게 일을 시킬 권리가 사람에게 있을까요? 서커스나 동물원, 워터파크에서 동물을 마음대로 부려도 될까요? 음식이나 옷, 신발, 의료 연구 등을 위해 동물을 죽여도 될까요? 과학 연구에 동물을 써도 될까요? 아니면 동물에게도 권리가 있고, 동물을 보호하는 법이 있어야 할까요? 인도의 사상가 마하트마 간디는 이렇게 말했어요. "한 사회의 문명 수준은 그 사회가 동물을 어떻게 대하는지 보면 알 수 있다." 사람들이 동물을 더 잘 돌보는 사회일수록 문명 수준이 더 높은 사회라는 뜻이에요.
많은 나라에서 동물은 법적으로 물건 취급을 받아요. 사람이 동물에게 무엇이든 할 수 있다는 뜻이죠. 그런 나라에서 법을 만드는 사람들은 동물이 사람처럼 법적 권리를 가질 수도 없고, 법적 의무를 지지도 않는다고 말해요. 또 동물의 권리 문제는 매우 복잡하다고도 말합니다. 한번 생각해 봐요. 해파리와 침팬지가 똑같은 권리를 가질 수 있을까? 모기를 죽이면 법정에 서야 할까?
그럼에도 **동물권**을 법으로 정해야 한다고 주장하는 사람들의 목소리가 점점 커지고 있어요. 예를 들어 독일에서는 2002년부터 동물권을 헌법으로 보장하고 있어요. 또 네덜란드의 정당인 동물당에서도 동물권을 헌법으로 보장하여 동물 착취를 끝내자고 주장하지요. 그밖에 오스트리아, 뉴질랜드, 스위스 같은 나라에서도 동물권을 보장하는 법을 만드는 움직임을 보이고 있어요.
그런데 간디의 주장이 항상 옳은 건 아니었어요. 1933년 독일의 권력자 히틀러는 역사상 최초로 동물보호법을 만들었어요. 이에 따라 개를 더 이상 사냥에 이용할 수 없게 되었고, 가축은 마취한 뒤에 도축해야 했으며, 바닷가재는 산 채로 삶을 수 없게 되었고, 불치병에 걸린 동물은 고통을 겪지 않도록 안락사시켜야 했어요. 1934년에는 베를린에서 세계 최초의 동물 복지 국제회의가 열렸고, 1938년에는 공립학교와 대학에서 동물 보호를 과목으로 정해 가르치도록 했어요. 모두 동물에게 좋은 일이었지요.
하지만 그로부터 1년 뒤인 1939년, 히틀러는 제2차 세계대전을 일으켰어요. 이 전쟁으로 무려 8000만 명의 사람이 목숨을 잃었습니다.

◀ 대왕판다

대왕판다: 량량 이야기

— 2014년, 말레이시아

우리는 선물이 아니야. 사람들이 우리를 보내면서 이렇게 말했거든. "량량아, 싱싱아, 잊지 마. 너희를 주는 게 아니라. 잠시 빌려주는 거야." 선물로 주는 거든 빌려주는 거든 상관없어. '어제는 저쪽에 살았는데, 오늘은 여기 와 있네.' 이런 생각이 들 뿐이니까. 모든 것이 새롭고 낯설지만 기분은 좋아. 내 친구 싱싱이 있기 때문이야. 우리는 나란히 앉아 대나무를 씹어.

지난 몇 달 동안 이해되지 않는 일들이 있었어. 처음에 사람들은 여행 준비로 바쁘게 움직이면서 이렇게 말했어. "량량아, 싱싱아, 이제 여행 가는 거야." 당장 다음 날 떠날 것처럼 굴더니, 며칠 동안 아무 일 없다가 갑자기 여행이 취소되었다고 했어. 우리 판다는 안개를 알아. 추위도 알고, 대나무도 알고, 나무 위에서 자는 것도 알아. 하지만 여행은 몰라. "비행기 때문에 화가 나서 못 가는 거야."라는 말도 이해되지 않아.

그러던 어느 날, 사람들이 우리 둘을 우리에 넣었어. 여행이 시작되려는 듯했지. 곧 어둠이 우리를 감쌌어. 귀가 아프고 먹먹했어. 한참 그러다가 귀가 뚫리는 느낌이 들면서 다시 소리가 잘 들리기 시작했어. 우리는 다른 우리 속으로 들어갔고, 누군가 가져다준 대나무를 받았어. 조금 있다가 또 움직이기 시작했어. 그냥 엉덩이를 깔고 앉아 있을 뿐인데 어디론가 계속 가는 것이 신기했어!

이대로 영원히 신기한 일이 계속되는가 보다고 생각할 무렵 움직임이 멈췄어. 그러더니 사람들이 말했지. "량량아, 싱싱아, 오늘은 축하하는 날이야." '축하가 뭐지?' 많은 사람들이 우리를 보고 있었어. 모두 행복한 듯 웃으며 손을 흔들었지. 그때 누군가 말하기 시작했어. 중요한 말인 듯했어. 그는 우리를 "우정의 상징"이라고 불렀어. '상징이 뭐지? 우리가 상징이었어?' 이해는 안 됐지만 상관없었어. 내 친구 싱싱이 있었으니까.

이제 사람들이 다 가고 없는 이곳은 예전에 있던 곳과 아주 비슷해. 우리를 돌보는 사람들은 친절하고, 물과 먹을 것을 가져다주지. 싱싱도 내 곁에 있어. "싱싱아, 여기 대나무." 나는 싱싱이 무얼 바라는지 잘 알아. 싱싱은 내 친구고, 대나무를 나보다 더 많이 먹지.

우리는 나란히 앉아 있어. 나는 싱싱을 보고, 싱싱은 나를 봐. 싱싱이 나한테 대나무를 건네줘. 그런데 왜 그런지 대나무가 별로 당기지 않아. 뭔가 다른 게 필요한 기분이 들어. 내 몸이 그렇게 말하고 있어. 나는 싱싱을 툭 쳐. "싱싱아, 너도 그렇지?" 싱싱이 나를 바라봐. 그러더니 대나무를 손에 들고 내게 보여 줘. 나는 고개를 저어. "아니야, 싱싱, 대나무 말고, 나랑 같이 가자. 너랑 나랑 둘이서만." 내가 먼저 일어나서 뒤를 돌아봐. 그런데 싱싱이 내게 눈길도 주지 않고 그대로 자리에 앉아 있어. "싱싱아, 왜 안 와?"

나는 판다야. 안개도 알고, 추위도 알고, 대나무도 알고, 나무 위에서 자는 것도 알아. 그리고 싱싱도 알아. 그런데 싱싱은 처음으로 나를 이해하지 못하고 있어.

동물, 외교에 나서다

량량과 싱싱은 2014년 5월 21일부터 10년 동안 중국이 말레이시아에 빌려준 대왕판다예요. 중국은 이렇게 대왕판다를 빌려주면서 그 나라와 좋은 관계를 맺고 싶어 하죠. 그래서 사람들은 중국이 **판다 외교**를 한다고 말합니다. 판다는 중국이 선물로 준 게 아니에요. 그래서 약속한 기간 동안 데리고 있다가 중국에 돌려줘야 하죠. 빌려준 기간 동안 태어난 새끼 판다도 모두 중국이 가져요. 그리고 두 나라 사이가 안 좋아지면, 약속한 때보다 더 일찍 판다를 되돌려받기도 해요.

판다를 받은 나라들은 대부분 기뻐하며 맞이해요. 눈언저리의 순진한 검은 반점, 엉덩이로 철퍼덕 앉아 움직이는 어설픈 모습에, 수많은 사람이 멸종 위기 동물인 판다와 사랑에 빠지거든요. 세계에서 가장 큰 자연 보전 단체인 세계자연기금에서 로고에 판다를 넣은 것도 이해가 돼요.

사실 량량과 싱싱을 말레이시아로 좀 더 일찍 보낼 계획이었어요. 그런데 2014년 3월 8일, 말레이시아에서 중국으로 가던 비행기가 레이더에서 갑자기 사라지는 사고가 일어났어요. 사고가 나자마자 조사가 시작되었지만, 비행기가 실종되었다는 것만 알 뿐 무슨 일이 일어난 것인지는 지금까지도 밝혀지지 않았어요. 사고 뒤 중국은 크게 화를 냈어요. 비행기에 중국 승객이 많이 타고 있었는데, 말레이시아 정부가 비행기 찾는 노력을 열심히 하지 않는 듯 보였기 때문이에요. 그래서 판다를 보내려던 계획도 잠시 미뤄졌어요.

마침내 량량과 싱싱이 말레이시아 국립동물원에 도착했을 때, 말레이시아의 장관과 주말레이시아 중국 대사는 환영 연설을 했어요. 연설에서 량량과 싱싱은 두 나라 사이 "우정의 상징"으로 불렸어요.

그로부터 며칠 뒤, 량량은 싱싱과 짝짓기를 하려 했어요. 정말 특별한 순간이었어요. 암컷 판다가 짝짓기를 통해 임신할 수 있는 시간은 1년에 딱 72시간뿐이거든요. 야생에 사는 암컷 판다는 냄새로 수컷을 유혹해요. 하지만 동물원에 사는 판다는 그렇게 할 수 없어요. 그래서 싱싱은 량량이 왜 그러는지 이해하지 못했고, 량량을 받아들이지 않았죠.

그런데도 훗날 량량은 새끼를 세 마리나 낳았어요. 정말 기적 같은 일이었죠.

- 고대 이집트에서도 파라오들은 동물을 외교에 이용했어요. 드물고 귀한 동물을 이웃 나라의 친한 왕들에게 선물로 보내 부와 힘을 뽐냈답니다. 그렇게 자신을 드러내고, 두 나라 사이의 우정을 튼튼히 했어요.
중국의 **판다 외교**도 마찬가지예요. 대왕판다는 멸종 위기 동물이에요. 야생에서는 중국에만 살며, 남은 수가 2000마리도 되지 않는 귀하디귀한 동물이죠.
1958년 처음으로 판다가 소련에 선물로 보내졌어요. 이때 보내진 판다는 진짜 선물이어서 소련에서 평생 살았어요. 그러다 1980년대부터 중국은 판다를 빌려주기만 해요. 빌려주는 기간도 10~15년으로 정해져 있고, 때로는 약속보다 더 일찍 돌려받기도 하죠.
2014년 미국 대통령 버락 오바마가 달라이 라마를 만났어요. 티베트 불교를 이끄는 종교 지도자인 달라이 라마는, 지금은 중국의 한 지역이 된 티베트의 독립을 주장해요. 중국이 둘의 만남을 달가워할 리 없겠죠? 그래서 중국은 미국에 달라이 라마와 만나지 말라고 경고했어요. 하지만 오바마는 만났고, 그 결과 미국은 중국에 판다를 돌려줘야 했어요.
동물을 이용한 외교에는 판다 외교만 있는 게 아니에요. 다른 나라들도 동물을 외교에 이용하죠. 예를 들어 오스트레일리아는 '코알라 외교'를, 인도네시아는 '코모도왕도마뱀 외교'를 하고 있답니다.

북부흰코뿔소: 파투 이야기

— 2018년, 케냐

수단 할아버지가 돌아가셨다. 우리를 돌봐주던 인간이 조금 전에 와서 말해 줬다.
"파투야, 안되었구나. 수단이 세상을 떠났어."
오늘은 잿빛이다. 풀밭에 비가 내리고, 내 마음에도 비가 내린다. 엄마가 내 옆으로 와 말한다.
"이제 남은 건 우리 둘뿐이네." 인간이 기운 내라는 듯 머리를 문질러 주었지만, 어제까지만 해도
수단 할아버지가 계시던 자리를 보고 있자니 마음이 텅 빈 것만 같다.
할아버지는 나이가 많았다. 눈가엔 주름이 잡히고, 몸 여기저기에 상처가 나 있었다.
걸을 때마다 발끝이 붉은 흙을 끌며 지나갔고, 요즘 들어서는 걷다가 그대로 주저앉는 때도 많았다.
할아버지가 다시는 일어서지 못할 날이 언젠가 오리라는 건 알았다. 수니 아저씨가 그랬던 것처럼.
하지만 그날이 오늘일 줄이야.
한때 우리는 넷이었다. 모두 인간들이 사는 곳에서 살았다. 넓은 풀밭이 아니라 우리 안에서,
바닥이 풀 대신 콘크리트로 되어 있던 곳에서. 그러던 어느 날 우리는 트럭에 실렸고, 잠에서 깨어
보니 이곳이었다. "올페제타 야생동물보호구역에 온 것을 환영해." 몇몇 인간이 우리를 맞으며
말했다.
우린 조심스레 냄새를 맡았다. 나무들이 우산처럼 가지를 늘어뜨리고 있었다. 그리고 태어나서
처음으로 기린과 얼룩말 소리를 가까이에서 들었다. 솔직히 무서웠다. 처음 며칠 동안에는 원숭이만
보고도 도망쳤고, 새들이 등에 앉을 때마다 덜덜 떨었다. 갑자기 불어오는 바람에도 흠칫 놀랐다.
그러다 타우위 아줌마를 만났다. 아줌마는 우리와 생김새가 닮았지만 조금 다른 코뿔소다.
성격이 급하고 사나웠지만 우리에게는 친절했다. 아줌마 덕분에 우리는 원숭이와 새, 바람을
무서워하지 않아도 된다는 걸 배웠다. 아프리카는 무서운 곳이 아니라 집이라는 것도.
이곳에서는 매일매일이 똑같이 평화롭게 흐른다. 우리는 풀을 뜯고, 진흙에서 구르고, 돌에 뿔을 간다.
돌봐주는 인간들은 늘 가까이 있다. 우리가 잠에서 깨면, 그들이 다가와 몸을 힘차게 문질러 준다.
우리 피부는 갑옷과 같아서 힘차게 벅벅 문질러야 한다. 쓰다듬는 정도로는 아무 느낌도 없다.
그런 다음 함께 풀밭을 걷는다. 그들 중에는 총을 든 인간도 있다. 그걸 어디에 쓰는지는 모른다.
그러던 어느 날 할아버지가 몸을 일으키지 못했다. 할아버지의 주름은 늘어만 갔다. 주름이 하나씩
늘 때마다 더 많은 인간이 버스를 타고 할아버지를 찾아와 함께 사진을 찍고 싶어 했다.
이제 할아버지가 돌아가셨는데 인간들이 계속 찾아올까? 엄마랑 나랑 둘만 있어도 보러 올까?
인간들이 오지 않는다면 이곳에는 엄마랑 나랑 둘만 남게 된다. 할아버지가 안 계셔도, 태양은 늘
그렇듯 드넓은 벌판 위로 타오르는 공처럼 떠오를 것이다. 엄마가 다시는 일어나지 못하는 날이 와도,
내가 우산 같은 나무 아래에서 영원한 잠에 들어도, 태양은 아무 일 없다는 듯 떠오를 것이다.

동물, 사라질 위기를 맞다

나진과 파투는 지구에 남은 마지막 북부흰코뿔소예요. 둘 다 죽으면, 북부흰코뿔소는 멸종하고 말죠. 나진과 파투는 수컷 북부흰코뿔소인 수단과 수니가 살던 체코의 한 동물원에서 태어났어요. 둘의 탄생은 아주 특별한 일이었어요. 왜냐하면 코뿔소는 사육 환경에서 번식이 매우 어려운 동물이거든요.

2009년 이 네 마리 코뿔소는 케냐의 올페제타 야생동물보호구역으로 옮겨졌어요. 그렇게 하면 암컷인 나진과 파투가 아프리카의 자연 속에서 새끼를 낳지 않을까 하고 사람들은 기대했어요. 하지만 불행하게도 2014년에 수니가 죽었고, 2018년 3월 19일에는 마흔다섯 살이 된 수단이 안락사했어요. 둘 다 새끼를 남기지 못했어요. 그렇지만 이 둘의 정자는 미국 샌디에고동물원의 '냉동 동물원'에 보관되어 있어요. 나진과 파투의 난자도 마찬가지고요. 북부흰코뿔소의 미래가 액체 질소가 담긴 차가운 탱크 안에 잠들어 있는 셈이에요.

나진과 파투가 직접 새끼를 낳기는 매우 어려워 보인대요. 그래서 과학자들은 북부흰코뿔소의 난자와 정자를 수정시킨 뒤, 수정란을 암컷 남부흰코뿔소의 자궁에 자리 잡게 하여 새끼가 태어나게 하는 방법을 연구하고 있어요. 남부흰코뿔소는 북부흰코뿔소와 가까운 친척이고, 약 2만 마리가 남아 있을 정도로 번식이 잘 이루어지고 있어요.

한때 우간다, 수단, 차드, 콩고의 드넓은 습지 풀밭에는 수천 마리의 북부흰코뿔소가 살았어요. 하지만 뿔을 노리고 이뤄지는 밀렵으로 북부흰코뿔소는 순식간에 멸종 위기를 맞았어요. 코뿔소 뿔은 예멘에서 단검 손잡이를 만들 때 쓰여요. 중국에서는 전통 약제로 쓰이는데, 뿔에 아무런 약효가 없다는 사실이 밝혀졌음에도 여전히 비싼 값에 팔려요. 심지어 다이아몬드나 금보다도 비싸다고 해요.

세상에 단 두 마리만 남은 북부흰코뿔소는 이제 세계에서 가장 드문 동물이 되었어요. 드물수록 값이 오른다고 생각하는 밀렵꾼들이 나진과 파투를 가만둘 리 없겠죠? 그래서 사람들은 나진과 파투를 사랑과 정성으로 돌보면서, 소총을 든 경비병을 세워 밤낮으로 지키고 있어요.

인간은 정말 이상해요. 한때는 북부흰코뿔소를 멸종 직전까지 몰아넣더니, 이제는 죽을힘을 다해 지키고 있어요. 수단이 죽던 바로 그해, 지구의 마지막 수컷 북부흰코뿔소를 보러 전 세계 곳곳에서 수많은 사람이 케냐로 여행을 왔어요. 수단은 생명 보존의 상징이자 영웅으로 떠받들어졌어요. 콰가는 아무도 모르게 세상에서 사라졌지만, 이제는 그때처럼 조용한 멸종은 드물어요. 멸종은 세계적인 뉴스가 되고, 엄청난 관심을 끌지요. 북부흰코뿔소 수가 건강하게 회복될 수 있을지는 아직 알 수 없어요. 수단은 나진의 아빠이고, 나진은 파투의 엄마예요. 수단의 정자와 나진과 파투의 난자를 수정해서 새끼가 태어나더라도 근친교배로 인한 유전병을 앓을 위험이 높다는 뜻이에요. 어쩌면 북부흰코뿔소는 여섯 번째 **대멸종**에 휩쓸려 영원히 사라지게 될지도 모르겠습니다.

👁 2019년 유엔은 대멸종을 경고하는 보고서를 발표했어요. **대멸종**이란 지구에 살던 수많은 생물이 짧은 시간 안에 한꺼번에 사라지는 것을 뜻해요. 보고서에는 약 100만 종의 동식물이 멸종 위기에 놓였다고 적혀 있어요.

동물이 멸종하는 건 새로운 일이 아니에요. 이 책 앞부분에서 살펴본 자이언트땅늘보 이야기를 기억하죠? 실제로 지금까지 지구에 살던 모든 생물 종의 99퍼센트 이상이 이미 멸종했어요. 대멸종 또한 과거에 여러 번 일어났고요. 과학자들은 지금까지 지구에 다섯 번의 대멸종이 있었다고 말해요. 그때마다 모든 생물 종의 75퍼센트에서 90퍼센트가 한꺼번에 사라졌대요. 그리고 가장 마지막 대멸종의 주인공은 바로 공룡이에요.

그동안 있었던 모든 대멸종은 지구 기온을 급격하게 바꾼 자연 재해 때문에 일어났어요. 하지만 앞으로 올 여섯 번째 대멸종은 단 하나의 생물 종, 바로 인간 때문에 일어날 거예요. 인간이 숲을 없애고, 동물을 마구잡이로 사냥하고, 환경을 오염시키고, 지구를 뜨겁게 만들고… 그 결과 생물의 멸종 속도가 자연적인 속도보다 수백 배나 빨라졌기 때문이에요.

말레이천산갑 이야기

— 2019년, 중국

누가 내 머리에 똥 쌌어?
천산갑 똥은 아니야. 내 똥은 내가 잘 알아. 냄새를 맡아 봐도 누구 똥인지 모르겠네. 여기선 아무것도 모르겠어. 빛이 너무 밝아 눈이 부셔서 잘 보이지도 않아.
얼마 전까지만 해도 난 어둠 속에서 살았어. 별이 뜬 밤이 되어야 바깥으로 나갔지. 가까이에 우뚝 솟아 있는 흰개미 집으로 가서 혀만 쑥 밀어 넣으면 먹을 것이 착착 달라붙었어. 그 밤들은 얼마나 고요했던지. 부엉이, 구름표범, 순다늘보원숭이가 돌아다니고, 박쥐가 날개를 퍼덕였지만, 조용했어. 그런데 여기는 웅웅거리고, 비명을 지르고… 소리로 터질 것 같아. 몸을 둥글게 말아서 머리를 감싸면 이 소음에서 벗어날 수 있을까? 하지만 그럴 수 없어. 우리가 비좁아 몸을 돌리기도 힘들어.
내가 왜 여기 있는 거지?

뒷다리가 아파. 볼 수는 없지만 피가 나는 것 같아. 나는 똥 냄새, 피 냄새, 죽음의 냄새를 알아. 그런데 그 냄새들이 여기처럼 진한 곳은 없었어. 철창 사이로 바깥이 보여. 눈이 좋지는 않지만, 보여. 우리들이 아무렇게나 쌓인 상자처럼 어지럽게 층층이 쌓여 있는 모습이. 뿌리 뽑힌 나무들처럼 서로 기대고 있는 모습이. 어디선가 퍼덕이는 소리가 들려. 새인가? 아니, 박쥐인가? 너무 멀어서 보이지 않아. 내 옆에는 뱀이 있고, 건너편에는 거북이 있어. 앞에서는 검은 반점이 있는 처음 본 회색 동물이 나를 빤히 쳐다봐. 사향 냄새가 나는 그 애에게선 그보다 더 강렬한 두려움의 냄새가 나. 나도 그 애를 쳐다봐. 무언가 내 눈앞을 가려. 위쪽에만 털이 난 머리 하나가 천천히 눈에 들어와. 그 머리가 입을 벌려. 혀가 내 것보다 훨씬 짧아. 머리가 갑자기 소리를 질러. 나는 눈을 질끈 감아.
내가 왜 여기 있는 거지?

철퍽!
또 내 머리에 뭔가 축축한 게 떨어졌어. 잠깐 졸았나 봐. 똥이 눈가로 흘러내려. 내가 어떻게 이곳에 오게 되었느냐면… 그날을 떠올릴 때마다 마음이 어두워져. 나는 나무에 있었어. 아직 깊은 밤은 아니었지. 그때 갑자기, 밝은 빛이 내 눈을 찔렀어. 달빛은 아니었어. 나는 정신 차릴 틈도 없이 순식간에 그물에 갇혔어. 몸을 둥글게 말아도 아무 소용이 없었어. 갑옷 같은 몸을 둥글게 말면 구름표범도 막아 낼 수 있었는데, 그때는 꿈쩍도 할 수 없었어. 나는 자루 안으로 밀어 넣어졌어. 그 안은 익숙한 밤처럼 깜깜했지만, 다른 건 모두 낯설었어. 숲의 냄새가 점점 사라지고, 처음 맡는 냄새들이 하나둘 들어왔어. 내가 어디 있는 거지? 그때도, 지금도 몰라. 배가 고파서 기운이 없어. 우리 안에는 물도 없어.
내가 왜 여기 있는 거지?

어!
아까 그 머리가 다시 보여. 우리의 문이 열리고 거친 손이 나에게 뻗어 와. 뒷걸음질 치고 싶은데 철창에 등이 닿아 있어.
내가 왜 여기 있는 거지?
내가 왜 여기 있는 거지?
내가 왜 여기 있는 거지?

동물, 질병을 옮기다

전 세계 인구가 80억 명을 넘어섰어요. 부유한 사람이든 가난한 사람이든 먹어야 사는데, 가난한 사람 가운데는 단백질을 얻을 수 있는 방법이 사냥밖에 없는 이들도 있어요. 이들은 세계 곳곳의 숲과 들판에서 야생 동물을 잡아먹어요. 영양, 대나무쥐, 호저, 사향고양이, 뱀, 천산갑, 담비, 새, 박쥐, 원숭이, 개구리… 이 밖에도 여러 동물의 고기를 먹는답니다.

그런데 얼마 전부터 야생 동물 고기를 먹는 또 다른 사람들이 생겼어요. 이들은 돈이 많아서 고기를 얻기 위해 사냥할 필요가 없지만, 자기가 부자인 걸 뽐내려고 야생 동물 고기를 먹어요. 그렇게 탐욕스럽게 야생 동물을 먹는 문화는 동남아시아에서 특히 유행인데, 중국 광저우에만 2000곳이 넘는 야생 고기 식당이 있다고 해요. 이런 식당들은 싱싱한 고기를 파는 웨트 마켓(wet market)에서 고기를 사 와요. 왜 웨트 마켓이라고 부르냐면, 고기를 싱싱하게 보관하고 동물의 피를 씻어내는 데 얼음이나 물처럼 물기 있는(wet) 것을 쓰기 때문이에요. 대부분의 웨트 마켓에서는 닭, 돼지, 염소 같은 가축의 고기를 주로 팔지만, 어떤 곳에서는 야생 동물을 그 자리에서 죽여서 고기를 팔기도 해요. 야생 동물 고기를 팔면서 법을 어기는 사람도 있어요. 예를 들어 천산갑은 멸종 위기 동물이라서 사냥과 판매가 금지되었지만, 여전히 웨트 마켓에서 몰래 판매되고 있습니다.

수줍음이 많은 야행성 동물인 천산갑은 아프리카와 아시아에 살아요. 천산갑은 고기와 비늘 때문에 사냥당해요. 중국과 동남아시아에는 천산갑 비늘에 암 같은 질병을 예방하는 효과가 있다고 믿는 사람들이 많아요. 그래서 천산갑은 마구잡이로 사냥당해 멸종 위기에 내몰렸죠. 아직도 천산갑은 세계에서 가장 많이 몰래 거래되는 야생 동물입니다. 웨트 마켓에서는 빽빽하게 쌓아 둔 우리 안에 야생 동물을 가둬 두는데, 그 가운데는 병에 걸렸거나 다친 동물도 있어요. 그리고 똥, 오줌, 피 같은 것이 한 우리에서 다른 우리로 흘러내리죠. 이 때문에 과학자들은 웨트 마켓이 바이러스를 통해 질병이 퍼지기 알맞은 곳이라고 수없이 경고했습니다.

바이러스는 다른 생명체에 들러붙어 살아가며, 그 생명체에 질병을 일으키기도 해요. 바이러스가 살아갈 곳이 되어 주면서 다른 생명체에 바이러스를 전파하는 생명체를 병원소와 숙주로 나눌 수 있어요. 병원소는 바이러스의 고향 같은 것으로, 바이러스가 일으키는 질병에 걸리지 않거나 약한 증상만 경험해요. 이와 달리 숙주는 병원소에서 나온 바이러스가 잠시 거쳐 가는 집 같은 것으로, 증상 없이 넘어갈 때도 있지만 심한 증상을 경험하는 일도 많아요.

예전에는 바이러스와 병원소가 열대 우림이나 외딴 동굴처럼 사람이 살지 않는 곳에 있었어요. 그런데 인구가 늘자 사람들은 점점 자연 깊숙이 들어가 살기 시작했어요. 그러면서 야생 동물을 잡아 멀리 떨어진 시장으로 옮기는 일도 많아졌고, 그 과정에서 병원소에 살던 바이러스가 바깥으로 나와 인간을 숙주로 삼을 수 있게 되었어요. 인간을 만나서 바이러스는 기뻤을 거예요. 인간은 수도 많은 데다 빽빽하게 모여 살아서 바이러스가 퍼져 나가 수를 늘리기 딱 좋거든요. 아직 완전히 밝혀지진 않았지만, 2019년 말 중국 우한의 웨트 마켓에서 비슷한 일이 벌어진 것 같아요. 병원소인 박쥐에서 숙주인 천산갑으로 제2형 중증급성호흡기증후군 코로나바이러스가 전파되었고, 천산갑 고기를 사서 먹은 사람이 같은 바이러스의 새로운 숙주가 된 것이죠. 그 과정을 거쳐 새로운 질병이 갑작스레 퍼지기 시작했어요. 과학자들은 그 질병에 코로나바이러스감염증-19라는 이름을 붙였어요. 코로나바이러스감염증-19는 **인수공통감염병**으로, 전 세계로 퍼져 나가 수백만 명의 목숨을 앗아갔습니다.

👁 **인수공통감염병**은 동물과 사람 사이에서 퍼지는 감염병이에요. 이 감염병이 인간 사이에서 퍼지기 시작하면 감염 속도가 더 빨라져서 유행병(에피데믹)이 되거나, 더 나아가 범유행(팬데믹)이 되기도 해요. 조류독감, 에볼라출혈열, 후천성면역결핍증, 코로나바이러스감염증-19 등이 잘 알려진 인수공통감염병이에요.

브루케시아 나나 이야기

— 2021년, 마다가스카르

후, 정말 오래 걸렸어. 우리는 기다리다 지쳤는데, 인간들은 참 느긋하더라.
엉금엉금, 천천히 더 천천히. 그렇지만 마침내 우리가 발견됐다! 하하.
솔직히 인간들이 우리를 진즉에 찾아낼 줄 알았어. 마다가스카르푸른비둘기는 1760년에 발견됐고,
포사는 1833년에, 멸종된 줄 알았던 아이아이는 1957년에 다시 발견됐으니까.
우리는 어땠느냐고?
발견 안 됨. 아예 못 봄. 완전히 놓침. 마치 우리가 세상에 없는 것처럼 말이야.
바로 여기에 있는데! 작디작다고 해서 세상에 없는 건 아닌데. 우리 여기 있는데.
물론 우린 인간을 아주 오래전부터 봐 왔어. 인간은 눈에 잘 띄어. 시끄럽게 부스럭거리면서
돌아다니잖아. 소리 없이 풀숲을 걸을 수 있는 인간은 없지. 우리가 사는 열대 우림에 들어와
쿵쿵거리며 돌아다니는 인간을 수도 없이 봤어. 언젠가는 인간을 보고 이렇게 소리 지르기도 했어.
"여기야, 여기. 나 여기 있어!" 하지만 인간에겐 우리 목소리가 들리지 않나 봐.
그러다 몇 년 전, 풀잎 위에 있던 나는 순식간에 인간의 손가락 위에 놓이게 되었어.
"만나서 반가워, 브루케시아 나나." 한 명이 말했어. 다른 한 명은 껄껄거리며 웃었지.
"이렇게 쪼그마한데 이름은 거창하네."
우리를 'B. 나나'라고 부르는 인간도 있어. 물론 B는 브루케시아(Brookesia)에서 따온 거야.
마음에 드는 이름이야. 멋진 데다 기억하기도 쉽지.
"무슨 나나더라?"
"B. 나나."
"아, 맞다, B. 나나"

인간들은 우리를 발견한 다음 이것저것 다 했어. 무게도 재고, 몸길이도 재고, 돋보기, 현미경, 기다란 렌즈가 달린 카메라까지 별별 것을 다 들이댔지. 세상에 그런 말들이 있는 줄도 몰랐는데, 인간들이 하도 많이 쓰니까 이제는 우리도 익숙해졌어.
"현미경으로 보자."
"표본 좀 줄래."
"접안렌즈를 바꿔야 할 것 같아."
"카메라 좀 치워 줄래?"
우리가 바로 표본이었어. 인간들은 현미경으로 우리를 보면서 무슨 이유에서인지 눈물까지 흘리더라. 며칠 동안 우리를 관찰하고, 연구하고, 분석하면서 숫자를 중얼거리기도 하고, 갑자기 기뻐하며 소리를 지르기도 했지.
"1등을 찾았다!"
"가장 작은 1등!"
"하하하!"
인간들은 우리 몸 구석구석을 꼼꼼하게 살펴본 뒤 언론사에 우리에 관한 조사 자료를 보냈어. 언론사에서는 다음과 같은 기사를 썼지. "마다가스카르에서 나노 카멜레온 발견, 세계에서 가장 작은 파충류로 보임." "해바라기씨보다 작은 카멜레온!" 인간들은 우리를 다룬 기사를 읽어 주며 좋아했어. 영어 기사, 중국어 기사, 한국어 기사, 네덜란드어 기사… 우리처럼 세계에서 손꼽히게 작은 나라인 네덜란드에서까지 우리에게 관심을 보이다니. 우리 기분이 어땠을 것 같아? 말해 뭐해. 기쁘고 만족스러웠지. 우리가 아직 인간들한테 발견되지 않았을 때, 굽은부리때까치, 짧은뿔카멜레온, 비단시파카가 이런 얘기를 한 적 있어.
"지금이 좋을 때야. 그러니 마음껏 즐겨. 세상에 알려지는 순간 골칫거리만 늘 테니."
골칫거리는 무슨 골칫거리! 아직 아무런 골칫거리도 없어. 그렇지만 국제생물종목록에 우리 이름이 올라가기는 했지. 전에는 파충류가 1만 1499종이었는데, 이제는 1만 1500종이 된 거야, 야호!
비단시파카를 다시 만난다면 이렇게 말해 줘야겠어.
"이제 우리가 존재한다는 걸 온 세상이 알게 됐어."

동물, 희망의 신호가 되다

2021년 2월, 전 세계인의 관심을 끈 뉴스가 있었어요. 마다가스카르에서 새로운 카멜레온 종이 발견되었다는 뉴스가. 그것도 평범한 카멜레온이 아니라 머리부터 꼬리까지 길이가 2.9센티미터도 채 되지 않는 초소형 카멜레온 브루케시아 나나가. 과학자들은 기쁨에 들떴어요. 점점 더 많은 동물이 멸종해 가는 지구에서 새로운 종을 발견한 것 자체가 희망의 신호였으니까요. 브루케시아 나나는 이전까지 세계에서 가장 작은 카멜레온이던 브루케시아 미크라(몸길이 3센티미터)보다 더 작았어요. 과학자들의 머릿속은 꼬리에 꼬리를 무는 질문으로 가득 찼죠. 브루케시아 나나가 정말 지구에서 가장 작은 카멜레온일까? 아직 발견되지는 않았지만 섬 어딘가에 **왜소화**가 더 진행된 카멜레온이 있지는 않을까? 전 세계 카멜레온 종의 절반쯤이 마다가스카르에 살아요. 아프리카 동쪽에 있는 이 거대한 섬에는 다른 곳에서는 볼 수 없는 수많은 동식물이 살고 있어요. 예를 들어 세상에서 가장 큰 카멜레온인 파슨카멜레온(몸길이 약 70센티미터)과 가장 작은 카멜레온인 브루케시아 나나가 모두 마다가스카르에만 살죠. 이처럼 희귀한 동물이 많아서 마다가스카르는 '여덟 번째 대륙'으로 불리기도 해요.

브루케시아 나나는 마다가스카르 북부 열대 우림의 산비탈에서 나뭇잎 사이에 숨어 살며 진드기와 톡토기를 잡아먹어요. 과학자들은 브루케시아 나나가 사는 곳을 소개하면서, 이곳이 파괴될지도 모른다는 안타까운 소식도 함께 전했어요. 마다가스카르는 세계에서 가장 가난한 나라 중 한 곳으로, 많은 사람들이 농사를 지으며 살아가요. 그런데 해마다 인구가 늘면서 농사를 짓는 데 쓸 땅이 더 많이 필요해졌어요. 그래서 밭을 일구려고 더 넓은 열대 우림을 잘라 없애고 있죠. 브루케시아 나나와 같은 희귀 동물들의 보금자리가 점점 사라지고 있는 거예요. 그래서 브루케시아 나나는 발견되자마자 멸종 위기를 맞닥뜨린 동물이 되고 말았어요. 다행히 브루케시아 나나가 사는 열대 우림은 보호구역으로 정해졌어요. 그렇지만 보호구역으로 정하는 것만으로는 이 작은 카멜레온의 미래를 지켜 내기 어려워요. 마다가스카르 사람들의 생활이 나아져서 숲을 밭으로 만들지 않아도 되는 날이 오지 않는다면, 이 섬에 사는 동물들은 멸종 위기에서 벗어나기 힘들 거예요.

👁 주어진 환경에서 살아남기 위해 동물들은 환경에 알맞은 특성을 발달시켜요. 눈에 잘 띄지 않도록 해 주는 보호색, 추위를 견딜 수 있도록 해 주는 털 같은 것이 그런 특성이에요. 섬에서는 그런 변화가 더 심하게 일어나요. 한 예로 동물이 오랜 세월에 걸쳐 극단적으로 작아지는 **왜소화**, 그 반대로 커지는 거대화를 들 수 있어요. 마다가스카르에는 몸길이가 2미터쯤 되는 마다가스카르난쟁이하마와 세상에서 가장 큰 새인 코끼리새가 살았던 적이 있어요(지금은 모두 멸종됨). 또 오스트레일리아에는 커다란 잔이질바퀴가, 코모도섬에는 코모도왕도마뱀이 살고 있고, 세인트헬레나섬에는 7센티미터가 넘게 자라는 세인트헬레나집게벌레가 살았던 적이 있어요. 이런 현상은 왜 일어나는 걸까요? 과학자들은 큰 동물은 섬에 살면 작아지고, 작은 동물은 커지는 경우가 많다는 걸 발견했어요. 이런 현상을 섬의 법칙(또는 포스터의 법칙)이라고 해요. 특히 천적의 위협을 덜 받는 포유류는 몸집이 더 커질 수 있다고 해요. 몸집이 클수록 몸에 지방과 물을 더 많이 저장할 수 있어서 살아남는 데 유리하기 때문이죠. 이와 달리 먹이가 부족한 환경에서 살아갈 때는 몸집이 작아질 수 있다고 해요. 그래야 적게 먹고도 살아갈 수 있기 때문이에요.

고양이 2편 ▶

고양이 2편: 요제프 이야기

— 2022년, 남아프리카공화국

그녀는 우리 집사야. 심부름도 하고, 요리도 하고, 현관문도 열어 주지. 잠자리도 봐 주고, 그릇에 먹을 것도 채워 줘. 일을 잘하는 편이지만, 가끔 시중을 엉망으로 들기도 해. 너무 늦거나, 너무 적거나, 너무 맛없거나. 또 그놈의 알약을 우리 목에 쑤셔 넣기도 하고, 차가운 물약 방울을 목에 떨어뜨리기도 해. 그럴 때 우리는 가르랑거리며 집사를 향해 발톱을 꺼내지. 우리라고 모든 걸 참고만 있으라는 법은 없으니까.

나는 동생이랑 둘이 살고 있었어. 그런데 어느 날 집사가 나타나 우릴 데려갔지. 자동차 안에 있는 게 마음에 들지 않아서 우리는 큰 소리로 야옹거렸어. 사실 큰 소리는 아니었어. 그땐 우리가 많이 어렸으니까 크게 울어 봐야 "니아옹" 정도였을 거야. 집사는 신경도 안 쓰더라고.

집사가 우리를 데려간 곳은 안뜰이 있는 좋은 집이었어. 우리는 쑥쑥 자랐어. 거기서 얼마나 오래 살았냐고? 고양이는 날짜 따위는 세지 않아. 할일이 너무나 많거든. 빨래 바구니에 들어가 잠자기, 나비 쫓기, 동생 머리 한 대 치기… 동생을 괴롭히려고 그런 건 아냐. 걔가 맞을 짓을 했으니까 그런 거지.

그러던 어느 날, 처음 본 고양이 둘이 나타났어. 울타리를 넘어 쪼끄만 털 뭉치 둘이 굴러들어 왔지. 집사는 완전히 들떠서 이상한 소리까지 냈어. 살짝 정신이 나간 듯했지. 사실 집사는 부엌 쪽문을 열어 두고 있었어. 그러니 작은 털 뭉치 둘이 들어온 것도 이상한 일이 아니지. 걔네는 이렇게 생각했는지도 몰라. '이곳 좀 괜찮은데.'

그리고 나서 뭔가 잘못됐어. 처음에 그 두 녀석은 가끔 기웃거리기만 했어. 그런데 어느 순간 소파를 차지했고, 언젠가는 내가 잠깐 한눈판 사이에 우리 침대에 누워 있었지. 흠흠, 우리 침대는 아니고 집사 침대에. 그렇지만 이 집 주인이 우리지 집사는 아니잖아? 나는 허락한 적 없어, 허락한 적 없다고. 누가 고양이가 둘이나 더 필요하댔어? 그런데 집사는 이미 마음을 굳혔더라고. 평소엔 나랑 동생이 하라는 대로 다 하더니, 이번에는 제 주장을 굽히지 않았어. 솔직히 말하자면, 우리는 금방 익숙해졌어. 앞발로 머리를 툭툭 쳐 줘야 할 녀석이 둘 더 늘어났을 뿐이니까. 걔네도 슬슬 자기 분수를 알아가기 시작했고.

어느 날 집사가 설명도 하지 않고 우리를 자동차 뒷자리에 태웠어. 우리 넷은 모두 화가 났지만, 할 수 있는 건 아무것도 없었어. 상황은 점점 더 나빠져서, 우리를 실은 바구니가 어두운 곳으로 들어갔지. 서로 목소리는 들을 수 있었지만 보이지는 않았어. 이상한 소리도 계속 들려왔고. 그렇게 시간이 한참 흘러 '평생 이러고 살아야 하나?' 하는 생각이 들 무렵, 우리는 다른 자동차로 옮겨 탔어. 그때는 너무 지쳐서 울 힘도 없었어. 드디어 달리던 자동차가 멈춰 서고 우리가 낯선 집에 도착했을 땐 이미 밤이었어. 다음 날, 모든 것이 낯설었고 새로운 냄새가 났어. 집사는 계속 신나 하며 떠들어 댔어.

"밖에 바다 보이니? 바다가 보이지 않아?"

글쎄, 바다가 뭔지 우리는 몰라.

하지만 집사가 왜 그리 신나 하는지 이제는 조금 알아. 정원이 어마어마하게 넓거든. 우리가 기어오를 나무도 있고, 쫓아다닐 다람쥐도 살아. 물론 이상한 일도 벌어져. 지난번에 개코원숭이가 지붕 위를 쿵쿵거리며 지나간 건 정말 버르장머리 없는 짓이었지. 그놈의 개코원숭이 빼고는 모든 게 마음에 들어, 너무 좋아. 어떻게 해서 이렇게 살기 좋아졌을까? 아무튼 우리는 천국에 온 것 같아. 그리고 그녀는 여전히 우리 집사야.

동물, 인간의 가족이 되다

최초의 **반려동물**은 개예요. 적어도 1978년 이스라엘 북부에서 1만 2000년 된 무덤을 발굴한 연구자들은 그렇게 말합니다. 그 무덤에는 한 여자와 작은 개의 뼈가 있었어요. 개는 여자의 머리 옆에 누워 있었고, 여자의 손은 개의 몸에 놓여 있었지요. 연구자들은 이 여자가 개를 굉장히 아꼈을 거라고 해요.

인간은 종이 다른 동물을 친구나 가족으로 삼는 유일한 동물이에요. 어떤 동물과 함께 사느냐는 사람마다 달라요. 개, 고양이, 햄스터, 앵무새, 금붕어, 사막쥐… 나이지리아에는 하이에나랑 사는 사람도 있고, 미국에는 원숭이랑 사는 사람도 있어요. 중국에는 사막여우, 아틀라스장수풍뎅이, 바다악어랑 사는 사람도 있지요.

인간은 정말 이상해요. 닭고기를 먹고, 소가죽으로 만든 옷을 입고, 재미 삼아 콰가를 죽여요. 그러면서 개나 고양이를 가족처럼 사랑하기도 하지요. 한 침대에서 자고, 크리스마스 선물을 주기도 해요. 또 어떤 사람은 아이 대신 동물과 함께 살기도 하지요.

이번 이야기에 등장하는 네 마리 고양이는 이 책을 쓴 제가 가장 아끼는 반려동물들이에요. 요제프와 모세는 제가 데려온 고양이고, 카지미르와 루시퍼는 이웃집에 살다가 저를 집사로 선택해 준 고양이에요. 네덜란드에서 남아프리카공화국으로 이사한 지금, 이 네 고양이들은 저의 정성스런 시중을 받으며 지내고 있어요. 북반구에서든 남반구에서든 행복한 고양이들이지요.

하지만 반려동물과 관련한 고민거리도 있어요. 네덜란드에는 300만 마리의 집고양이가 있어요. 이 고양이들이 해마다 새를 비롯한 수백만 마리의 야생 동물을 죽이지요. 2021년 네덜란드의 '반려동물을 집으로 재단'에서는 '집고양이 외출 금지 소송'을 냈어요. 소송의 목적은 고양이를 괴롭히려는 게 아니라 자연을 보호하려는 것이에요. 이 소송에서 재단이 승리한다면, 네덜란드에서 집고양이들은 앞으로 집 바깥에 나갈 수 없게 될지도 몰라요.

제가 살고 있는 남아프리카공화국의 케이프타운에서는 고양이 문제가 훨씬 더 심각해요. 도시와 그 둘레의 드넓은 자연 속에는 수많은 야생 동물이 살고 있어요. 한 연구에 따르면, 케이프타운에 사는 고양이 한 마리가 해마다 평균 90여 마리의 야생 동물을 죽인대요. 이 숫자를 케이프타운에 사는 전체 고양이 수에 곱하면 약 2700만. 해마다 2700만 마리의 새, 다람쥐, 도마뱀붙이, 그리고 멸종 위기에 있는 서부표범두꺼비, 케이프비개구리 등이 고양이에게 죽임당하는 거예요. 루시퍼가 죽은 줄무늬쥐를 집에 물고 온 건 딱 한 번뿐이지만, 고양이는 자기가 죽인 동물의 80퍼센트는 집에 가져오지 않는다고 해요.

이쯤 되면 남아프리카공화국에 '집고양이를 집으로 재단'을 만들어야 할 것 같아요. 그런 재단이 생겨나든 생겨나지 않든 딱 하나는 분명해요. 우리 고양이들이 그 재단을 세우는 데 결코 찬성하지 않을 거라는 점이죠.

👁 **반려동물**은 집에서 사람과 함께 살며 친구처럼 지내는 동물을 말해요. 소, 닭, 말, 돼지, 양처럼 사람의 생활과 돈벌이를 위해 기르는 가축과는 달리, 반려동물은 사람과 마음을 나누며 살죠. 가장 인기 있는 반려동물 1위와 2위는 개와 고양이예요. 오늘날 전 세계에는 8억 마리가 넘는 개와 고양이가 사람과 함께 살고 있습니다.

참고 문헌•

○ 마르턴 쾰레만스(Maarten Keulemans)는 「진짜 이브는 여기서 태어났다(Hier werd de echte Eva geboren)」라는 글에서 보츠와나에서 현생 인류(호모 사피엔스)가 탄생했다고 이야기합니다. 그전까지는 에티오피아가 현생 인류의 기원지로 여겨졌습니다. 모든 인류 종에서 호모 사피엔스만 살아남고 나머지는 멸종한 원인을 설명하는 여러 이론은 유발 하라리의 『사피엔스』(김영사, 2015년)에서 찾아볼 수 있습니다.

○ 마지막 빙하기에 자이언트땅늘보와 거대동물에 일어난 일은 다음 글들을 참고했습니다. 라일리 블랙(Riley Black)의 「당신은 마지막 지상 나무늘보를 방금 놓쳤습니다(You just missed the last ground sloths)」, 로날드 펠트하위전(Ronald Veldhuizen)의 「인간이 오는 곳마다 거대동물이 멸종했다? 이 널리 알려진 가설을 놓고 과학자들의 의견은 첨예하게 갈린다(Waar de mens kwam, stierven de grote dieren uit? Over dat populaire idee zijn onderzoekers verdeeld tot op het bot)」.

○ 알파카가 가축이 되는 과정은 K. 크리스 허스트(K. Kris Hirst)의 「라마와 알파카는 어떻게 가축이 되었는가(How llamas and alpacas were domesticated)」를 참고했습니다. 가축화에 대해서는 할 헤르조그의 『우리가 먹고 사랑하고 혐오하는 동물들』(살림, 2011년)을 참고했습니다.

○ 라위서 스튀테르헤임(Louise Stutterheim)은 「동물원(Dierentuin)」이라는 글에서 인간과 야생 동물의 역사적 관계를 살펴보았습니다. 고대 그리스의 공작에 관해서는 디애나 소렐스(Deanna Sorrells)의 「공작: 역사와 문화(Peafowl: In history & culture)」를 참고했습니다.

○ 클레오파트라의 자살과 외모에 관해서는 다음 글들을 참고했습니다. 새러 프루잇(Sarah Pruitt)의 「클레오파트라는 정말 뱀에 물려 죽었을까?(Did Cleopatra really die by snake bite?)」, 요나 렌데링(Jona Lendering)의 「클레오파트라의 죽음(De dood van Cleopatra)」, 카롤리너 크라에이팡어르(Caroline Kraaijvanger)의 「클레오파트라는 독성 칵테일로 죽었다(Cleopatra overleed door giftige cocktail)」, 「클레오파트라의 미모(Schoonheid van Cleopatra)」.

○ 원형 극장에서 죽음으로 내몰린 기독교인에 대해서는 다음 글을 참고했습니다. 엘서 흐리스텐선(Else Christensen)의 「사자에게 던져진 기독교인들(Christenen voor leeuwen gegooid)」.

○ 누에 이야기에 관해서는 다음 영상들을 참고했습니다. 가치조사단(Keuringsdienst van waarde) 시리즈 시즌 9의 12편 〈비단(Zijde)〉, 스쿨tv(schooltv.nl)의 〈누에(De zijderups)〉와 〈비단은 어떻게 만들어지나?(Hoe wordt zijde gemaakt?)〉. 의문점에 대해서는 생물학자 옐러 뢰머르(Jelle Reumer), 나비 전문가 한스 판 딕(Hans Van Dyck), 곤충학 교수 마르설 디커(Marcel Dicke)에게 물어 확인했습니다. 이들은 누에 애벌레가 수천 킬로미터를 이동하는 동안 먹지도 않고, 나비가 되지도 않을 수도 없다며, 중국에서 애벌레가 아니라 알을 들여온 것이 분명하다고 이야기했습니다. 알은 겨울잠을 자는 듯한 상태로 장거리 여행을 견딜 수 있기 때문입니다.
과학을 따른다면 누에 이야기를 쓸 수 없었습니다. 알이 말할 수는 없으니까요. 하지만 저는 비단의 역사를 책에 담기 위해 애벌레가 모험담을 들려주는 이야기를 썼습니다. 수도사들이 대나무 줄기 속에 누에알을 숨겨 들여왔듯이, 저는 허구 속에 진실을 몰래 담았습니다.

• 겹낫표(『』)는 단행본, 홑낫표(「」)는 소제목과 기사, 홑화살괄호(〈〉)는 영상입니다. 한국어로 번역 출간된 책은 한국어판 정보만 담았습니다.

○ 헤이스팅스 전투와 정복왕 윌리엄에 대해서는 다음 글들을 참고했습니다. 「헤이스팅스 전투에서 무슨 일이 있었을까?(What happened at the Battle of Hastings?)」(english-heritage.org.uk), 제니 코헨(Jennie Cohen)의 「정복왕 윌리엄에 대해 몰랐던 10가지(10 things you may not know about William the Conqueror)」, 또 헤이르티어 덱케르스(Geertje Dekkers)는 「말을 탄 기사? 조랑말을 탄 기사였음을 역사가들이 밝혀내다(Ridder te paard? Eerder ridder te pony, ontdekken historici)」에서 중세의 말이 작았음을 이야기합니다.

○ 비비 뒤몬 탁(Bibi Dumon Tak)은 『전쟁 동물들(Oorlogsdieren)』(Athenaeum — Polak & Van Gennep, 2009년)에서 전쟁 속 말의 역사를 이야기합니다.

○ 유럽 인구의 3분의 1을 죽음에 이르게 한 흑사병에 대해서는 존 그린의 『인간 중심의 행성에 살기 위하여』(뒤란, 2022년) 중 「전염병」을 참고했습니다. 또 흑사병이 퍼진 방식에 대해서는 새러 슬로트(Sarah Sloat)의 「새로운 연구에 따르면 흑사병의 주범은 쥐벼룩이 아닌 인간 벼룩(New study finds fleas from humans, not rats, spread the Black Death)」을 참고했습니다.

○ 중세 유럽의 동물 재판에 관해서는 다음 글들을 참고했습니다. 제임스 맥윌리엄스(James McWilliams)의 「끔찍한 정의(Beastly justice)」, 소냐 바톰스키(Sonya Vatomsky)의 「법정에 동물을 세울 때(When societies put animals on trial)」, 맷 사이먼(Matt Simon)의 「믿을 수 없을 정도로 이상한 유럽의 동물 재판 역사(Fantastically wrong: Europe's insane history of putting animals on trial and executing them)」.

○ 신성한 소, 인도에서 힌두-이슬람 갈등, 5대 주요 종교에서 인간과 동물의 관계에 대해서는 다음 글들을 참고했습니다. 비비 뒤몬 탁(Bibi Dumon Tak)의 『동물과 함께 떠나는 세계 여행(Rundreis om de wereld)』(Van Goor, 2005년), 유리 봄(Joeri Boom)의 「어머니 소, 인도에서 가장 위험한 동물(Moeder Koe, het gevaarlijkste dier van India)」, 크리스타 키랜더(Krista Kihlander)의 「종교에서 말하는 동물권(What each major religion says about animal rights)」.

○ 빌럼 바런츠의 북극 탐험에 대해서는 다음 자료들을 참고했습니다. 한스 흐람베르흐(Hans Gramberg)의 『노바젬블라에서 겨울나기(De overwintering op Nova Zembla)』(Verloren Verleden, 2001년), 아드빈 더 클라위버르(Adwin de Kluyver)의 「바런츠 탐험대가 마주친 '괴물 같은 북극곰'(Expeditieleden Willem Barentsz ontmoetten 'monsterlijke ijsberen')」, 「세 번째의 행운: 빌럼 바런츠의 마지막 항해(Third time's a charm: The last voyage of Willem Barentsz)」(oceanwide-expeditions.com), 「아주 이례적인 일: 캐나다 남부에서 북극곰 발견(Zeer ongebruikelijk: ijsbeer gespot in het zuiden van Canada)」(www.hln.be).

○ 일본의 고래잡이 문화에 대해서는 whaling.jp, nationalgeographic.org, thesushitimes.com에서 찾아보았습니다. 페타의 "고래 고기를 먹자" 현수막 이야기는 할 헤르조그의 『우리가 먹고 사랑하고 혐오하는 동물들』(살림, 2011년)을 참고했습니다.

○ 바르트 퓐네콧터르(Bart Funnekotter)는 「물어 대는 퍼그(De bijtgrage mopshond)」에서 조세핀의 강아지가 나폴레옹의 첫날밤을 망쳤다는 이야기를 재미있게 풀어냅니다.

○ 더글러스 애덤스의 『이게 마지막 기회일지도 몰라』(현대문학, 2024년)는 멸종 위기 동물에 관한 유쾌하면서도 씁쓸한 기록입니다. 애덤스는 동물학자 마크 카워다인과 함께 여섯 종의 멸종 위기 동물을 찾아 전 세계를 여행했습니다. 데이비드 쾀멘은 『도도의 노래』(김영사, 2012년)에서 섬 생태계를 이야기합니다.

- 레이니르 스프레인(Reinier Spreen)은 콰가에 대한 흥미로운 책 『콰가를 위한 기념비(Monument voor de quagga)』(Fusilli, 2016년)를 썼습니다. 프랑크 베스테르만(Frank Westerman)의 『엘 네그로와 나(El Negro en ik)』(Atlas, 2004), 저스틴 폭스와 앨리슨 웨스트우드(Justin Fox, Alison Westwood)의 『시크릿 케이프타운(Secret Cape Town)』(Jonglez Publishing, 2016)에도 콰가 이야기가 실려 있습니다.

- 오스트레일리아 초기 이주민, 토끼, 캥거루에 대해서는 다음 글들을 참고했습니다. 야스퍼르 바위팅(Jasper Buiting)의 「오스트레일리아는 150년째 토끼와 싸우고 있다(Australie worstelt al 150 jaar met konijnenplaag)」, J. 마레이커 드레스(J. Marijke Drees)의 「토끼의 치명적인 바이러스 질병(Dodelijke virusziekten bij konijnen)」, 그리고 「유럽 토끼는 어떻게 오스트레일리아를 정복했나(How European rabbits took over Australia)」(education.nationalgeographic.org). 또 오스트레일리아 국립 박물관 사이트(nma.gov.au)에서도 관련 정보를 확인했습니다.

- 비비 뒤몬 탁(Bibi Dumon Tak)은 『전쟁 동물들(Oorlogsdieren)』(Athenaeum — Polak & Van Gennep, 2009년)에서 비둘기를 전령으로 쓴 이야기를 다루었습니다.

- 배송 실수 덕분에 공장식 축산을 시작하게 된 실리어 스틸 이야기는 조너선 사프란 포어의 『동물을 먹는다는 것에 대하여』(민음사, 2011년)를 참고했습니다.

- 파울 아르놀뒤선(Paul Arnoldussen)은 『억압과 저항 속의 고양이 1940-1945(Poes in verdrukking en verzet 1940-1945)』(De Poezenkrant, 2013년)에서 안네 프랑크의 고양이 깜장이의 운명을 소개합니다. 안네 프랑크의 『안네의 일기』에도 깜장이 이야기가 나옵니다. 안네의 가장 친한 친구였던 자클리너 판 마르선은 필자에게 깜장이에 대한 기억을 이메일로 전해 주었습니다.

- 우주로 간 침팬지에 대해서는 다음 자료들을 참고했습니다. 에릭 베츠(Eric Betz)의 「우주에 간 침팬지들의 짧은 역사(A brief history of chimps in space)」(www.discovermagazine.com), 헨리 니콜스(Henry Nicholls)의 「우주 침팬지 햄: 영웅인가 희생자인가?(Ham the astrochimp: hero or victim?)」(www.theguardian.com), 유튜브에는 햄이 우주로 발사되는 장면이 담긴 영상들도 있습니다. 제인 구달의 『인간의 그늘에서』(사이언스북스, 2001년)는 야생 침팬지와 함께한 연구자의 삶을 담은 기록입니다.

- 제브라피시가 의학 연구에 사용되는 이유에 대해서는 다음 기사들을 참고했습니다. 「작지만 큰 물고기: 제브라피시 이야기(Tiny fish, big splash: the story of the zebrafish)」(www.yourgenome.org), 「왜 연구에 제브라피시를 사용하는가?(Why use the zebrafish in research?)」(www.labxchange.org), 이안터 사하닷(Ianthe Sahadat)의 「인도의 작은 물고기가 의학계를 정복하다(Hoe een Indiaas minivisje de medische wereld veroverde)」, 페리스 자브르와 뤽 더 로이(Ferris Jabr, Luc De Roy)의 「물고기도 포유류처럼 고통을 느낀다(Vissen voelen wel degelijk pijn, op een gelijkaardige manier als zoogdieren)」.

- 르완다 집단살해에 대해서는 다음 책들을 참고했습니다. 필립 고레비치의 『내일 우리 가족이 죽게 될 거라는 걸, 제발 전해주세요!』(갈라파고스, 2011년), 퍼걸 킨(Fergal Keane)의 『피의 계절(Season of blood — A Rwandan journey)』(Viking, 1995년), 스티븐 킨저(Stephen Kinzer)의 『천 개의 언덕(A thousand hills — Rwanda's rebirth and the man who dreamed it)』(Wiley, 2008년). 다이앤 포시의 『안개 속의 고릴라』(승산, 2007년)에서는 르완다 비룽가 국립공원에서 자행되는 산악고릴라 밀렵 문제를 다루고 있습니다.

- 다큐멘터리 〈Keiko: The untold story of the star of Free Willy〉는 범고래 케이코가 세계적 스타가 되었다가 야생으로 되돌아가는 과정을 자세히 다룹니다. 히틀러의 동물보호법에 대해선 고란 블라제스키(Goran Blazeski)의 「1933년 나치는 엄격한 동물보호법을 제정했다(The Nazis passed a number of really strict animal protection laws in 1933)」에서 확인할 수 있습니다.

- 중국의 판다 외교에 대해서는 다음 자료들을 참고했습니다. 「중국은 왜 판다를 선물하는가(Dit is waarom China panda's uitdeelt)」(nos.nl), 사라 판 파우커(Sara Van Poucke)의 「판다 외교, 중국이 우호 국가와 관계를 강화하는 법(Panda-diplomatie, of hoe China de band met bevriende landen bestendigt)」, 제론 야콥스(Jeroen Jacobs)의 「펑이와 푸와, 말레이시아 도착(Feng Yi & Fu Wa arrived in Malaysia)」.

- 북부흰코뿔소에 대해서는 샘 앤더슨(Sam Anderson)의 「지구에 남은 마지막 두 마리 북부흰코뿔소(The last two northern white rhinos on earth)」를 참고했습니다. 엘리자베스 콜버트의 『여섯 번째 대멸종』(쌤앤파커스, 2022년)과 마이클 그레슈코(Michael Greshko)의 「대멸종이란 무엇이고, 왜 일어나는가?(What are mass extinctions, and what causes them?)」는 대멸종이 무엇인지를 말하며, 인간이 왜 공룡을 멸종시킨 소행성과 같은지를 설명합니다.

- 데이비드 쾀멘은 『인수공통 전염병의 열쇠』(꿈꿀자유, 2017년)에서 에볼라출혈열, 후천성면역결핍증, 코로나바이러스감염증-19 등이 어디서 기원했는지 설명합니다. 이 밖에 다음 글들을 참고했습니다. 리처드 피어스(Richard Peirce)의 『천산갑: 불의의 비늘(Pangolins — Scales of injustice)』(Penguin Random House South Africa, 2021), 다이너 파인 마론(Dina Fine Maron), 「'웨트 마켓'이 코로나바이러스를 확산시켰을 것이다('Wet markets' likely launched the coronavirus)」, 「베트남에서 압수된 말레이천산갑에서 코로나바이러스 유사 바이러스가 검출되다(Evidence of SARS-CoV-2 related coronaviruses circulating in Sunda pangolins(Manis javanica) confiscated from the illegal wildlife trade in Viet Nam)」(pubmed.ncbi.nlm.nih.gov).

- 브루케시아 나나에 대해서는 제이슨 비텔(Jason Bittel)의 「새로운 카멜레온 종, 세계에서 가장 작은 파충류일 수도(New chameleon species may be world's smallest reptile)」를 참고했습니다. 마다가스카르의 동물과 생태에 관한 정보는 닉 가벗(Nick Garbutt)과 대니얼 오스틴(Daniel Austin)의 『마다가스카르의 야생 생물(Madagascar wildlife)』(Bradt, 2017년), 데이비드 쾀멘의 『도도의 노래』(김영사, 2012년)를 참고했습니다.

- 약 1만 2000년 전 이스라엘 무덤에서 발견된 반려동물 이야기는 유발 하라리의 『사피엔스』(김영사, 2015년)에 실려 있습니다. 할 헤르조그의 『우리가 먹고 사랑하고 혐오하는 동물들』(살림, 2011년)에서는 인간과 (반려)동물의 관계를 다루고 있습니다.
고양이가 생태계에 끼치는 영향에 대해서는 「케이프타운의 고양이들, 해마다 2700만 마리의 동물을 죽인다(Cape Town's killer cats prey on 27 million local animals every year, study finds)」와 파트릭 메이르스혹(Patrick Meershoek)의 「이젠 밖에 못 나가: 고양이를 집에 두기 위한 소송(Niet meer naar buiten: Stichting Huiskat Thuiskat stapt naar rechter om katten binnen te houden)」을 참고했습니다.

끝으로, 원고를 함께 읽으며 역사적 오류를 바로잡아 준 벤야민 호이바르츠와 열정적이고 세심한 편집을 해 준 클라스 데밀레메이스터르에게 깊이 감사드립니다.